中国基层工会建设工作实用丛书

职工代表培训教程

李军燕◎编著

ZHIGONG DAIBIAO PEIXUN JIAOCHENG

岗位规范	工作指导	业务流程	经验分享
结合工作	联系实际	重视应用	权威解读
深入基层	调查总结	直面问题	范例剖析
能力提升	素养修炼	工作创新	专家指导

中国言实出版社

图书在版编目(CIP)数据

职工代表培训教程 / 李军燕编著. -- 北京:中国言实出版社,2015.3

(中国基层工会建设工作实用丛书)

ISBN 978-7-5171-1124-5

Ⅰ.①职… Ⅱ.①李… Ⅲ.①工会工作－职工培训－中国－教材 Ⅳ.①D412.63

中国版本图书馆 CIP 数据核字(2015)第 037909 号

责任编辑:周汉飞

出版发行 中国言实出版社

地　址:北京市朝阳区北苑路 180 号加利大厦 5 号楼 105 室

邮　编:100101

编辑部:北京市西城区百万庄大街甲 16 号五层

邮　编:100037

电　话:64924853(总编室)　64924716(发行部)

网　址:www.zgyscbs.cn

E-mail:zgyscbs@263.net

经　销 新华书店

印　刷 北京柯蓝博泰印务有限公司

版　次 2015 年 4 月第 1 版　2017 年 1 月第 2 次印刷

规　格 710 毫米×1000 毫米　1/16　297.5 印张

字　数 4600 千字

定　价 1118.00 元(全 15 册)　ISBN 978-7-5171-1124-5

《中国基层工会建设工作实用丛书》

编委会

前言

职工代表履职的水平，直接影响到职工代表大会水平的高低，这关键又取决于职工代表素质和能力的高低。从这一角度出发，加强职工代表的教育培训，提升职工代表素质和能力，从而提高职工代表的履职水平则具有全局性、战略性的意义。

本书是编者在多年教学科研基础上，结合党在新形势下的最新政策整理而成的，在写作中尽量注意内容的丰富性与时代特征。本书简洁明了，通俗易懂。有较强的针对性、实用性和操作性，能快速提升职工代表的业务素质和工作能力，让职工代表的工作做的更加出色。

本书在编写过程中，融入了作者在最近几年公开出版和发表的专著与文章中的一些观点，还参考了一些有关职工民主管理、提升职工代表素质等方面的书籍，吸收了许多有价值的素材，在此对这些参考文献的作者一并致谢。另外，本书第一章为黄俊华编写，特此表示感谢！

本书的适用范围为职工代表、各级工会干部及工会干部院校师生，作为提升职工代表素质、开展对职工代表培训的专用教材，也可作为各级工会组织的工作指导用书和工会干部的自学用书。

由于编著者水平所限，书中难免有失当或不足之处，敬请广大职工代表、工会干部和工会干部院校师生批评指正。

目录

主管理、确立职工主人翁地位的重要保证。要开好职工代表大会，必须注意做好职工代表大会的筹备和组织工作，选好职工代表，认真确定大会的中心议题，搞好大会提案的征集和处理工作，严格按照民主程序进行，并形成有关决议。

第四章　职工代表与厂务公开制度

厂务公开是尊重职工、依靠职工办企业，是职工知情权的保证，是企业实行民主管理的基本保障，更是一种有效的民主监督。企业要根据不同情况，采取适当形式，让职工及时了解本单位生产经营活动中的真实情况，让职工理性面对诉求，这本身就可以消解疑虑、化解矛盾。其次公开本身就是一种很好的监督，公开可以促进公平，减少贪腐，增强公信力。

第五章　职工代表与职工董事、职工监事制度

我国的职工董事、职工监事制度是伴随着社会主义市场经济体制的确立而发展起来的一种新型的企业民主管理制度，是现代企业制度下企业民主管理的重要形式。

《公司法》规定了公司制企业要坚持以职工代表大会为基本形式的企业民主管理制度，明确了职工董事、职工监事的选举产生程序，扩大职工董事的设置范围，同时规定职工监事的比例。2006 年 5 月，全国总工会发布《关于进一步推行职工董事、职工监事制度的意见》。与此同时，各地的地方性法规也不断出台，职工董事、职工监事制度也在实践中稳步推进。

第六章 职工代表与平等协商集体合同制度

推行平等协商和集体合同工作，是工会协调劳动关系、依法维护职工合法权益的重要工作和任务。工会组织应坚持合法、合作、平等协商、兼顾双方利益等原则，规范协商、签约程序，加强监督履行，推动平等协商和集体合同工作的深入开展。

第七章 职工代表与机关、事业单位民主管理

机关、事业单位的民主管理主要是组织机关、事业单位干部，通过职工代表大会，审议通过涉及职工切身利益的重大事项，民主评议中层领导干部。加强机关、事业单位部门民主管理，有利于改进机关、事业单位领导干部的工作作风、加强机关、事业单位党风廉政建设。

第八章 职工代表与非公企业民主管理

非公企业建立职工民主管理制度，是加强社会主义民主政治建设的重要内容，是建立现代企业制度、加强企业管理的内在要求，是调动和发挥广大职工积极性和创造性的有效途径。有利于协调企业劳动关系，保持职工队伍稳定，有利于依法规范企业行为，提高企业科学决策和经营管理水平，促进非公企业健康发展。

第一章

职工代表与职工民主管理

中华人民共和国成立之后，职工民主管理制度在公有制经济领域尤其在国有企业付诸实施，并在实践中逐渐发展，形成鲜明特色。目前，职工民主管理制度已成为国有企事业单位管理中的一项基本制度，并在非公有制经济组织中广泛推行，在促进社会主义民主政治建设和构建和谐劳动关系中日益发挥着重要作用。

第一节 职工民主管理概述

一、职工民主管理的概念

职工民主管理是指企事业单位职工依照有关法律法规和政策规定，参与企事业单位决策、管理和监督的活动。职工民主管理的主体是企事业的职工，涵盖了企事业中经营管理人员、技术人员和一线工人。职工民主管理必须通过一定的制度并设置相应的职权，来保证职工参与企事业决策、管理和监督的有效实现。还必须建立健全与制度相配套的切实可行的运作程序，以充分反映和切实表达职工的真实意见和建议。

二、职工民主管理的性质

1. 职工民主管理的自然属性

企事业实行职工民主管理体现了社会生产力发展规律，是社会化大生产的客观要求。生产力越是发展，分工就越细，经济的联系就越紧密，管理就越重视大众参与的因素，从而越是需要公开和民主，企事业中职工民主管理的客观要求就越迫切，产生的效果就会越明显。这就是职工民主管理的自然属性。职工民主管理这种自然属性决定了无论什么性质的企事业，无论企事业的组织形式如何，职工民主管理都不可或缺。职工民主管理的自然属性要求职工民主管理制度和工作必须适应生产力发展水平，体现企事业职工的主体意识，遵循群众活动规律，尊重职工的参与热情和首创精神。

2. 职工民主管理的社会属性

职工民主管理反映了社会主义生产关系特性。职工民主管理的真正实现只有在社会主义生产关系条件下才有可能。在社会主义国家，企事业职工成为国家的主人，其政治民主权利、劳动经济利益和精神文化权益受社会主义国家法律的充分保护。职工在基层经济组织中享有的民主是社会主义国家基层民主政治建设的重要内容。这就是职工民主管理的社会属性。职工民主管理的社会属性要求在政治、经济、文化、社会生活中必须保障职工当家作主的权利，正确协调和处理各方面的利益关系，增强和提高职工的参与意识和民主素养，从而建立稳定和谐的劳动关系，进而构建社会主义和谐社会。

三、职工民主管理的任务

职工民主管理的性质决定了职工民主管理的任务。职工民主管理的任务主要有三项：

1. 参与企事业决策和管理，行使职工的民主权利

我国是社会主义国家，中国共产党是中国特色社会主义事业的领导核心，党历来以实现和发展人民民主为己任。共产党执政就是领导和支持人民当家作主，最广泛地动员和组织人民群众依法管理国家和社会事务，管理经济和文化事业，维护和实现人民群众的根本利益。在企事业实行职工民主管理，是我国基层民主政治建设的重要内容，是发展社会主义民主的基础性工作。因此，建立健全企事业职工民主管理制度，保证职工在企事业中依法直接行使民主权利，是社会主义民主政治在企事业中的直接体现。

2. 依法维护职工的合法权益，建立和谐稳定的劳动关系

社会主义市场经济体制的确立和进一步完善，使得企事业中各利益主体身份日益明晰。作为企事业劳动关系一方的职工的利益诉求，必须通过一定的民主程序和相应的制度与载体才能得到充分表达和有效维护。同时，在行使职工民主管理的维护职能时，一定要正确处理好国家、企业与个人的利益关系，处理好当前利益与长远利益的关系，努力营造和谐、合作的氛围。

3. 调动职工群众的积极性和创造性，促进企事业的发展，实现企事业与职工的“双赢”

企事业实行职工民主管理必须为企事业的中心任务服务，职工的利益也只有

在经济和社会发展的基础上才有可能最终实现。企事业通过实行职工民主管理，尊重和落实职工的主人翁地位，让职工享有知情权、建议权、决定权、监督权，就会极大地激发出广大群众当家作主的责任感和使命感，调动起他们的工作积极性和创造性，促进企事业的健康快速发展。

四、职工民主管理的形式

1. 职工代表大会制度

我国《宪法》《劳动法》《工会法》《公司法》《企业法》等多部法律法规都规定，企业通过职工代表大会等形式，实行民主管理，因此职工代表大会是企事业单位实行职工民主管理的基本形式，也是基层民主政治建设的基本制度。它不仅有明确的法律地位和法定职权，而且经过多年实践，已有完整的组织结构和工作制度，有丰富的历史经验和深厚的群众基础。这项制度早在20世纪50年代初就在我国实行，为广大职工群众所熟悉、所喜爱，并已在企事业单位中广泛推行。党的十一届三中全会以来，职工代表大会制度适应改革开放和现代化建设的需要，经过恢复、发展、提高，在国有、集体及其控股企业中普遍推行，在事业单位中得到巩固完善，并迅速向非公有制企业拓展，覆盖面不断扩大，内容不断丰富，运作机制不断完善，在促进企事业单位改革发展稳定中发挥了不可替代的重要作用。

2. 厂务公开制度

厂务公开是广大职工群众在推进基层民主政治建设、促进企事业改革发展、加强企事业职工民主管理中的一个新创造。实行厂务公开，解决了企事业职工在民主管理、民主参与中不知情这个关键问题。中央把厂务公开与村务公开、政务公开作为基层民主政治建设的重要形式加以肯定和推广。特别是2002年《中共中央办公厅国务院办公厅关于在国有企业、集体企业及其控股企业深入实行厂务公开制度的通知》（以下简称〈两办通知〉）的下发，使这项制度得到广泛推行。同时，由于《两办通知》明确指出厂务公开的主要载体是职工代表大会，并围绕职代会作用提出了四项要求，因而推行厂务公开制度，也充实了职代会职权，推进了职代会建设。

3. 职工董事、职工监事制度

职工董事、职工监事制度是依照法律规定，通过职工代表大会（或职工大会及其他形式）民主选举一定数量的职工代表，进入董事会、监事会，代表职工行使参与企业决策权利、发挥监督作用的制度。进入董事会的职工代表称为职工董事，进入监事会的职工代表称为职工监事。实行职工董事、职工监事制度是公司制企业建立现代企业制度的重要内容，也是这类企业在实行其他职工民主管理制度的同时实行的又一种职工民主管理的重要形式。推行这项制度的工作，是在党的十四届三中全会提出建立社会主义市场经济体制、国有企业依照《公司法》建立现代企业制度时开始试点并逐步开展起来的。随着国有企业改革的不断深化，改制为国有独资公司和国有控股公司的国有企业越来越多，建立职工董事、职工监事制度的工作也逐步展开。1994 年颁布的《公司法》和 1999 年党的十五届四中全会的有关规定及决定，是实行这项制度的法律依据和政策依据。2005 年 10 月 27 日修改的《公司法》，适应我国经济改革的新形势，对这一制度作了更加明确具体的规定，是进一步推进这项制度的有力法律武器。

4. 平等协商集体合同制度

平等协商集体合同制度是企业协调劳动关系的重要机制，是维护职工合法权益的重要手段。对实行这项制度，我国《劳动法》《工会法》有明确的规定。平等协商是指企业工会代表职工与企业，就职工劳动报酬、工作时间、休息休假、劳动安全卫生、保险福利等涉及职工合法权益的事项进行谈判的行为。通过平等协商缔结的书面协议就是集体合同。平等协商是集体合同的基础，集体合同是平等协商的结果。由于《劳动法》规定，集体合同草案应当提交职工代表大会或全体职工讨论通过，因此，这项制度除本身带有职工民主管理的性质外，还充实了职代会的工作内容和职权。实践证明，这项制度在协调企业劳动关系，维护职工的劳动经济权益方面日益发挥着重大作用。

5. 联合职代会或区域（行业）职代会制度

在小型非公有制企业集中的乡镇（街道）、村（社区）、开发区、科技园区、工业园区，基层工会通过推动建立联合职代会或区域（行业）职代会制度，由其协商解决带有共性的问题，审议通过区域（行业）集体合同、工资集体协议等草案。这是新形势下职工民主管理工作的新探索、新经验，也是这些单位实行职工民主管理的一种形式和加强基层民主管理政治建设的新举措。

除以上几种职工民主管理的主要形式外，职工民主管理还有职工民主管理委员会、民主议事会、劳资恳谈会、民主协商会等形式。

五、职工民主管理的法律依据

我国《宪法》第二条规定："人民依照法律规定，通过各种途径和形式，管理国家事务，管理经济和文化事业，管理社会事务。"第十六条规定："国有企业依照法律规定，通过职工代表大会和其他形式，实行民主管理。"第十七条规定："集体经济组织实行民主管理，依照法律规定选举和罢免管理人员，决定经营管理的重大问题。"《劳动法》第八条规定："劳动者依照法律规定，通过职工大会、职工代表大会或者其他形式，参与民主管理或者就保护劳动者合法权益与用人单位进行平等协商。"《工会法》第六条规定："工会依照法律规定通过职工代表大会或者其他形式，组织职工参与本单位的民主决策、民主管理和民主监督。"《公司法》第十八条规定："公司依照宪法和有关法律的规定，通过职工代表大会或者其他形式，实行民主管理。"《企业法》第十一条规定："企业工会组织职工参加民主管理和民主监督。"并对职工代表大会的性质、内容、职权做出了规定。《中外合作经营企业法》《个人独资企业法》《企业破产法》等法律法规对职工民主管理都做出了规定。1986 年 9 月，中共中央、国务院正式颁发的《全民所有制工业企业职工代表大会条例》（以下简称〈职代会条例〉）是我国第一部职工民主管理的法规。（2012 年 2 月 13 日，中共中央纪委、中共中央组织部、国务院国有资产监督管理委员会、监察部、中华全国总工会、中华全国工商业联合会联合印发的《企业民主管理规定》。）各地依据国家法律法规相继制定的职工民主管理条例、职工代表大会条例、厂务公开条例等地方法规，进一步明确了职工民主管理的形式、内容和实施要求等，在推进和规范职工民主管理中发挥了重要作用。

第二节 我国职工民主管理的发展

一、从土地革命战争时期到新中国成立前的职工民主管理

这一阶段的职工民主管理形式经历了从“三人团”和工人大会，到初步创立工厂管理委员会和职工代表大会制度的发展过程。

我们党在创建革命根据地以后，开始有了自己的工厂，这些工厂实行与国民党统治区的工厂不同的管理办法和制度，形成了早期的职工民主管理制度。比较有代表性的就是“三人团”和工人大会制度。1934 年 4 月《苏维埃国家工厂管理条例》《苏维埃国家工厂支部工作条例》确立了这种职工民主管理的制度。“三人团”由厂长、党支部书记和工会委员长组成，工厂生产中发生的许多问题必须经过“三人团”会议研究决定。当时的职工民主管理，主要是通过工会来实现。工会参加“三人团”，反映工人的意见并参与企业管理。同时，工会负责召开工人大会，讨论生产计划，收集职工的意见和建议。抗日战争后期，企业的职工民主管理制度有了一些变化，曾经用厂务会议代替“三人团”，但党中央和陕甘宁边区政府强调，厂长的管理不能取消工厂的职工民主管理。这一时期，苏区的私营工厂也通过私营企业的工厂委员会和店铺委员会组织职工进行民主监督。

抗日战争胜利后，解放区扩大到一些大中城市。1946 年 5 月，中共中央在《关于工矿企业政策的指示》中，正式推广工厂委员会制度。工厂委员会由厂长、工程师、其他生产负责人和工会主席组成，讨论并决定有关企业管理和生产中的各种问题。1949 年 5 月，华北解放区召开职工代表大会，正式强调所有工厂要建立工厂管理委员会和职工代表会议制度。同年 8 月，华北人民政府作出了《关于在国营工业企业中建立工厂管理委员会和职工代表会议制度的决定》，文

件对工厂管理委员会和职工代表会议的性质、任务、组织和职权作出了规定，从而正式确立了职工代表会议制度。而私营企业则通过“工人生产维持委员会”、“增产节约委员会”、“劳资协商会议”等形式实行职工民主管理。

二、1950 年至改革开放前的职工民主管理

这个时期的职工民主管理的特点是，职工代表大会制度正式形成，职工民主管理工作经历了曲折发展的过程。1950 年 2 月，中央人民政府政务院政治经济委员会发出《关于国营、公营工厂建立工厂管理委员会的指示》，标志着华北解放区将建立工厂管理委员会和职工代表会议制度推动为全国性统一执行的政策。中央对这种职工民主管理制度非常重视，要求“所有的公营工厂，应一律组织工厂委员会和职工代表会议制度”。此后全国工厂委员会和职工代表会议制度建设得到了巨大的推动。1953 年后，由于推行“一长制”，职工民主管理一度削弱。

1957 年，中共中央在《关于处理罢工罢课的指示》和《关于研究有关工人阶级的几个重要问题的通知》中提出建立党委领导下的职工代表大会制度，并明确了职工代表大会的职权。职工代表大会制度较职工代表会议制度有了新的发展；一是代表实行常任制；二是扩大了权力，由原来的咨询和监督性组织成为职工参与管理、监督行政的权力机关；三是明确了大会闭会期间，工会作为其常设机构主持日常工作。1958 年后，在“左”的思想的干扰下，这一制度受到冲击。在十年“文化大革命”动乱中，党委领导下的厂长负责制和职工代表大会制度被企业革命委员会所取代，职工民主管理制度荡然无存。

三、改革开放以来的职工民主管理

这个时期的职工民主管理从拨乱反正、恢复职工代表大会制度，到适应改革开放的需要不断巩固发展，日益发挥着重要作用，取得了巨大的成就。“文革”结束后的最初几年，国民经济百废待举，职工民主管理处在缓慢的恢复之中。直到 1981 年，党中央、国务院颁发了《国营工业企业职工代表大会暂行条例》，明确我国企业的领导制度是实行党委领导下的厂长负责制和党委领导下的职工代表大会制度。1984 年以后，随着经济体制改革的深入发展，我国企业开始实行厂长负责制。1986 年 9 月，中共中央、国务院正式颁发了包括《职代会条例》在

内的企业领导制度的“三个条例”，全国全民所有制企业普遍实行厂长负责制，同时建立职工代表大会制度。1988 年 4 月，《企业法》颁布实施，第一次通过国家立法形式，对职工代表大会为基本形式的职工民主管理的性质、内容、职权作了明确的规定，从而也使我国的职工民主管理走上法制和规范化轨道。此后几年，以职工代表大会为基本形式的职工民主管理迅速得到恢复和发展。

随着社会主义市场经济的确立，我国的社会经济成分、组织形式、就业方式、利益关系和分配方式日益多元化，经济关系和劳动关系发生了复杂深刻的变化，国家、企业、职工三者利益关系日益明晰。为适应改革开放和发展社会主义市场经济的新形势，工会维权理论得到新的突破和发展，从 1994 年 12 月全国总工会十二届二次执委会议提出工会工作“总体思路”，到 2001 年修改的《工会法》把维护职工合法权益作为工会的基本职责，再到 2004 年全国总工会十四届二次执委会议将“组织起来、切实维权”确定为工会工作方针，指导和推动了包括职工民主管理在内的多项工会工作。在此期间，全国总工会先后提出了“五突破一加强”“六个必须”“三个最大限度”“两手抓”等工作目标任务，采取了一系列工会在深化改革中的新举措，推动了全心全意依靠工人阶级指导方针的贯彻落实，也坚持和完善了职工代表大会制度，全面发展了职工民主管理的形式和内容。与此同时，广大职工群众在实践中创造了诸如厂务公开，职工董事、职工监事，民主评议领导干部，业务招待费用向职代会报告等新的职工民主管理制度，职工民主管理工作进入了一个全面发展的新时期。

第二章

职工代表

职工代表如何更好地发挥作用是整个职工代表大会制度中非常重要的一项工作，因为职工代表的素质本身会影响到职工代表大会的效果，同时也会进一步影响职工参与民主管理的效果。所以如何当好职工代表应该是我们非常重视的问题。

第一节 职工代表的产生

一、职工代表的条件和任期

是指哪些职工可以参加职工代表的选举，哪些人不能参加。对此《职工代表大会条例》已有明确规定，“按照法律规定享有政治权利的企业职工，均可当选为职工代表”。这是职工代表的基本条件，也是审定职工代表资格的依据。为了保证职代会的质量和职工代表在任期内的相对稳定，单位在选举职工代表时，可以规定一些具体的条件。比如，各单位之间的用工制度实际上还存在着一定的差异，有的单位职工中不少是季节工，有的单位还有许多临时工、季节工、临时工和劳务派遣工等能否当选职工代表，单位可根据自己的实际情况酌情决定。借用人员不属于单位正式职工，不能当选为职工代表，如果工作需要，可作为列席代表参加。一般而言，只要职工与用人单位建立了劳动关系，就拥有了当选为职工代表的资格。离退休职工已离开原工作岗位，无法履行职工代表的权利和义务，不能当选为职工代表。劳务派遣工比较特殊，他们的劳动关系是与劳务派遣机构建立，但实际劳动却是在用工单位进行，他们的许多切身利益与用工单位紧密相关，所以，用工单位的职工代表大会中也应当有他们的代表，表达他们的诉求。以上情况应在本单位职工代表大会实施办法或职工代表选举办法中做出明确规定。

职工代表是代表职工群众行使民主管理权力的，选举职工代表应当是在本单位享有政治权利的职工中挑选那些最能正确行使职工代表的权利，履行职工代表义务，热爱单位，办事公道，联系群众，热心为职工群众办事的人。因此，在规定职工代表条件时，也应对职工代表的工作能力、工作责任心、工作表现等做出具体规定。

《职工代表大会条例》还规定："职工代表实行常任制，每两年改选一次，可以连选连任。"职工代表常任制，是指职工代表在任期内始终享有职工代表的权利并应履行职工代表的义务，并接受原选举部门职工的监督。为了保障职工代表大会工作经常化、制度化，就必须使职工代表相对稳定。这样做，一方面可以增强职工代表的自豪感和责任感，促进职工代表珍惜自己的代表身份，更自觉地做好民主管理工作；另一方面也便于对职工代表的组织管理，建立一套比较完善的组织机构和工作制度。

对于条例关于职工代表两年改选一次的规定，在实际操作时也应根据具体情况有所变更。2001 年新修订的工会法和中国工会十六大通过的《中国工会章程》规定，基层工会委员会每届任期 3 年或者 5 年。基层职工代表的任期也可与工会委员会的任期一致起来。

二、职工代表的比例和构成

职工代表队伍比例构成是否恰当合理，关系到职工代表队伍的代表性，以及职工代表能否更好地发挥职工代表的作用，履行职工代表大会的各项职能。职工代表既不能过大，也不能过小。比例过大，开会时脱产人员多，会影响到生产；比例过小，又不能全面反映职工群众的意见。确定职工代表在职工总数的比例，要根据单位的实际情况，因厂制宜，既要保证有广泛性、代表性，又要有利于生产和管理，便于商讨问题。一般来讲，大型企业或联合企业，职工代表占职工总数的比例可小些；小型企业或分散作业的单位，职工代表占职工总数的比例可大些，尽量做到一个班级或科室能有一名职工代表。一般做法是，大型企业的职工代表可占职工总数的 3% ~5%，中型企业可占 5% ~10%，小型企业则可占到 10% ~20%。

职工代表的比例构成，是指代表中种类人员所占的比例。《职工代表大会条例》规定，"职工代表中应当有工人、技术人员、管理人员、领导干部和其他方面的职工。其中企业和车间、科室行政领导干部一般为职工代表总数的 1/5。青年职工和女职工应当占适当比例。为了吸收有经验的技术人员、经营管理人员参加职工代表大会，可以在企业或者车间范围内，经过民主协商，推选一部分代表。"这是条例做出的原则性规定，至于每个单位如何确定代表构成，向各部门分配代表名额，都应本着科学、务实、高效原则进行具体安排。过去有些单位片面强调职工代表以工人为主体，工人代表要占职工代表总数的80%左右，而工程技术人员、管理人员代表只占3%～4%，这并不利于提高职工代表参政和参与管理的能力。选举职工代表，不能片面规定只有先进人物、生产中的骨干和党员、团员才能当代表。既要注意职工代表的先进性，又要注意职工代表的群众性。吸收有经验的技术人员、一般经营管理人员当职工代表，有利于改善职工代表状况，提高职工代表的素质。在职工代表中，青年职工和女职工应当占适当比例。但领导干部不宜太多，担任中层以上领导干部职务的科技人员、管理人员，不管有无技术职称，都属领导干部范围，如果他们的比例过高，职工代表大会就成了领导干部会议，这与职工代表大会的性质不相符合。

职工代表中工人、技术人员、管理干部和领导干部的具体比例各占多少，单位可根据种类职工构成情况，在不违背条例规定的原则下，做出适当的调整。一般而言，在传统的生产型企业中，工人比例可适当高一些，在科研事业单位，脑力劳动者居多，技术人员、知识分子的比例可适当高一些。在大中型企业的职工代表中，工人代表比例可占到50%左右，技术人员和管理人员占30%左右，领导干部占20%左右为宜。这里所说的工人代表，是指在企业从事体力劳动为主的生产工作人员。而在科研院所，工人的比例如果占到50%，可能对民主管理和单位未来发展都会造成消极影响。

三、职工代表的选举

按《职工代表大会条例》规定："职工代表的产生，应当以班组或者工段为单位，由职工直接选举。大型企业的职工代表，也可以由分厂或者车间的职工代表相互推选产生。"

职工代表的选举，首先由工会委员会根据《职工代表大会条例》规定拟定选举职工代表的议案，包括名额的分配、选举的办法和步骤、各类人员的比例，然后由工会委员会召开的职工代表团（组）长和专门小组或工会委员会扩大会议，或者职代会筹备委员会讨论通过，并由各级工会组织按选举办法主持选举。选举职工代表应注意以下几个问题：

1. 做好动员工作

工会组织通过自己的部门工会小组向本部门职工进行宣传与鼓动，让大家了解职工代表大会的性质、任务和职权；了解职工代表的权利和义务，正确把握好职工代表的条件，敦请大家将那些能正确行使职工代表的权利，有一定的参与能力和组织能力，最能履行职工代表义务的人选为代表。

2. 体现选举人意志，自下而上地推荐候选人

职工代表候选人由职工直接提名，经过上下讨论协商，确定代表候选人，候选人的数量多于代表数量。用这样的办法可以较好地体现群众意志，保证选举出来的人有广泛的群众基础。候选人确定以后，采用无记名投票方式进行选举，候选人获得本部门全体职工过半数选票时，方能当选。

3. 领导干部不作当然代表

为了有利于职工代表大会开展工作，保证职工代表大会更好地行使职权，在一般情况下，企业的党、政、工主要领导干部一般都应是职工代表，但一定要由职工直接选举产生。他们可以分散到各自分管的部门和车间参加选举，可以不占该部门代表的名额，选上就当选，选不上可根据工作当列席代表。

四、职工代表的补选和撤换

1. 根据《职代会条例》规定，职工代表实行常任制，职代会换届改选时，连选可以连任

职工代表在任期内与企业解除劳动关系，代表资格自行终止，缺额由原选举单位按照规定补选，补选条件和程序与选举职工代表的条件和程序相同。任期内的职工代表在企业内部调动工作的，代表资格予以保留，原选举单位的代表缺额，通过民主程序另行增补。

2. 职工代表对选举单位的职工负责，选举单位的职工有权监督或者撤换本单位的职工代表

职工代表在任期内出现下列情况时，原选举单位职工有权撤换：一是被依法剥夺政治权利或被企业开除的，应立即取消其代表资格；二是无故不参加职工代表大会活动，严重失职的；三是因停薪留职长期病事假、脱产学习等情况，不能参加职工代表大会各项活动的；四是因其他原因不能履行代表义务，失去原选举单位职工信任的。

撤换职工代表的一般程序是：选举单位职工提出撤换职工代表的要求；工会及时调查核实；原选举单位召开会议讨论，被撤换的职工代表可参加会议并可以申辩；经选举单位讨论，半数以上职工同意，即可作出撤换职工代表的决定；原选举单位将撤换职工代表的决定报告企业工会，由企业工会宣布并备案；选举单位职工按照民主程序，选举新的职工代表，经职工代表资格审查委员会（小组）审查后，替补被撤换职工代表的缺额。

五、列席代表和特邀代表

职工代表大会根据需要，可以请一些未当选职工代表的企业领导人和有关负责人作为列席代表参加会议。大会还可以特邀一些离退休老职工和职工家属等参加，使大会具有更广泛的代表性。列席代表和特邀代表在职工代表大会上可以发表意见和提出建议，但没有表决权和选举权，不能当选为职工代表大会主席团成员。

六、职工代表资格的处理

职工代表对选举单位的职工负责，选举单位的职工有权监督或者撤换本单位的职工代表。

1. 职工代表资格的处理分以下几种情况

（1）职工因退休或离休，离开了原工作岗位，不能继续行使职工代表的权利和履行职工代表的义务，其代表资格应随之办理离退休手续而终止。

（2）职工代表因工作需要，在单位内调动，保留其代表资格，并在新的单位参加活动。如果调离本单位，其代表资格自行停止。

（3）担任党、政、工、团领导职务的，工作职务在本单位内变动，其职工代表资格应当保留。如果调离本单位，其代表资格即行停止。

（4）职工代表触犯法律，已被依法剥夺政治权利，职工代表应立即宣布撤销其职工代表资格。如果被强行劳动教养，其代表资格也即行停止。

职工代表在任职期间有严重损害国家、单位和职工的利益，严重违反劳动纪律和规章制度，或触犯刑律者，选举单位可依据一定的民主程序罢免和撤换，更新补选。

2. 罢免和撤换职工代表的程序

（1）选举单位或职工群众发现职工代表有违法乱纪或严重失职行为，都可以向职工代表大会主席团或工作机构提出罢免和撤换的要求。

（2）主席团或工作机构，要及时对被要求撤换代表所涉及的问题组织调查核实，提出意见，提交原单位撤换。一般情况下，应当尊重选举单位全体职工的意愿。

（3）召开原选举单位的全体职工会议讨论，经半数以上职工同意撤换方为有效。被撤换的职工代表可以出席会议，允许提出申诉意见。

（4）罢免和撤换职工代表的意见，要及时报职工代表大会主席团，经主席团讨论通过后，方能撤销其职工代表的资格，并张榜公示；总而言之，撤换职工代表是一件很严肃的事情，一定要认真对待，严格按照民主程序进行，不能出现处理错误的问题。

第二节 职工代表的权利和义务

职工代表的权利和义务，我们主要是根据《职工代表大会条例》的有关规定进行描述。虽然条例在制定时主要针对国有企业，但组建了职工代表大会的其他基层单位，职工代表的权利和义务基本上参照条例规定执行。职工代表只有明确这些权利和义务，才能更好地履行自己的工作职责，充分发挥参与管理的作用，并更好地维护自己的权益。

一、职工代表的权利

《职工代表大会条例》规定了职工代表有以下权利：

（1）在职工代表大会上，有选举权、被选举权和表决权。

(2) 有权参加职工代表大会及其工作机构，对企业执行职工代表大会决议和提案落实情况的检查，有权参加对企业行政领导人的质询。

职工代表对企业执行职工代表大会决议和提案落实情况的检查是在职工代表大会及其工作机构的组织下进行的，并不是职工代表的个人随意行为。职工代表的这项权利也表明，企业各级行政领导人员，有接受检查和质询并认真作出回答的义务。

(3) 因参加职工代表大会组织的各项活动而占用生产或工作时间，有权按照正常出勤享受应得的待遇。

(4) 对职工代表行使民主权利，任何组织和个人不得压制、阻挠和打击报复。职工代表因行使民主权利遭受打击报复，可向企业工会组织提出申诉，工会组织应积极受理职工代表的申诉，并会同有关部门调查核实，提出处理意见，直至圆满解决为止。必要时，工会要支持申诉人诉诸法律。

二、职工代表的义务

权利和义务总是对等的，《职工代表大会条例》同样规定了职工代表的义务：

(1) 努力学习党和国家的方针、政策、法律、法规，不断提高政治觉悟、技术业务水平和参加管理的能力。

(2) 密切联系群众，代表职工合法利益，如实反映职工群众的意见和要求，认真执行职工代表大会的决议，做好职工代表大会交给的各项任务。

(3) 模范遵守国家的法律、法规和企业的规章制度、劳动纪律，做好本职工作。

三、正确处理权利和义务的关系

1. 职工代表的权利和义务具有严肃性

职工代表的权利和义务是国家法律规定的。它体现了职工在企业中的地位的作用。职工代表的权利和义务同职工代表大会的职权密切相关。职工代表必须在法律、法规和制度规定的范围内进行活动，任何人都不能限制职工代表依法行使权利或履行义务。对职工代表行使权利、履行义务进行阻挠、打击、报复，是违法行为。

2. 职工代表的权利和义务具有现实性

职工代表的权利和义务，是从我国企业现实情况出发，以企业民主管理的实践为依据制定的，具有现实可行性。职工代表认真行使自己的权利，履行应尽的义务，是保障职工群众的合法权益、发挥工人阶级主力军作用、促进企业发展的需要。

3. 职工代表的权利和义务是对等的

职工代表的权利和义务是辩证统一的两个方面，没有无义务的权利，也没有无权利的义务。职工代表如实地反映和代表职工群众的意愿，既是行使了权利，也是履行了义务。作为一名职工代表，不但要依照法律、法规和制度的规定，正确行使自己的权利，还必须以高度负责的精神，完成职工群众委以的重任。只强调职工代表尽义务而不容许他们行使自己的权利，或者只强调行使权利而不承担应尽的义务，这两种倾向都是不可取的。只有把行使权利和履行义务两者统一起来，才能更好地发挥职工代表的作用。

第三节 职工代表的职责和作用

一、职工代表的工作职责

职工代表通过参加职工代表大会和其他各项民主管理活动来行使权利，履行义务，发挥代表的作用。职工代表大会和其他各项民主管理活动，是按照一定的程序进行的。职工代表必须熟悉这些程序，熟悉各种不同形式和内容的特点，依照程序和有关规定，参与民主管理活动。

1. 参加职工代表大会的活动

（1）会前活动。

在职代会召开之前，职工代表要做好必要的准备工作：

①认真阅读提前发给的厂长（经理）工作报告（讨论稿）和各项方案（草案）等文件，了解和掌握大会的中心议题。这要求职工代表不只是到时候参加会议，而是要事先明确会议的主要内容是审议企业领导的工作报告，是制订企业的发展规划，是审议签订集体合同还是别的内容。

②进行调查研究，广泛听取职工群众对事先发给的厂长（经理）工作报告和各项方案等文件的意见和建议。要通过多种形式征求意见和建议，并对意见和建议进行梳理。

③将综合整理好的意见和建议以口头或书面形式反映给所在的职工代表团（组）。

④在征集群众意见的基础上，有针对性地提出职工提案。提案可以是由单个代表提出，也可以由职工代表联名提出。

（2）会中活动。

在职代会期间，职工要认真参加各项工作。

①根据通知要求，做好准备，按时参加职代会的预备会和正式会议。

②参加预备会议，听取并审议职工代表大会主席团名单、大会秘书长名单、代表资格审查委员会关于代表资格审查报告（指换届大会）、大会议程和其他需要确认的事项。

③认真听取企业或有关领导在职代会上所做的工作报告、议案说明。参与会议上要通过的如企业改制方案、集体合同、企业的重大事项等问题和各项议案的审议和讨论，并在事先征求职工意见的基础上提出自己的意见。

④做好讨论发言准备，有条件的可写出书面发言提纲。在讨论中畅所欲言，充分发表意见。

⑤按照职工代表大会的议程，经过充分思考，认真行使表决权和选举权。

（3）会后活动。

职代会闭会期间，职工代表要积极宣传贯彻大会和各项决议、决定，做好有关工作。

①向所在单位职工汇报、宣传职代会通过的决议或作出的决定，对职工群众不清楚的问题做好解释工作。

②收集职工群众对职代会通过和各项决议、决定的意见，向所在职工代表团组反映。

③以实际行动影响和带动职工群众贯彻落实职代会的决议和决定。

2. 参加日常的民主管理活动

在日常工作中发挥职工代表的作用，是职工代表在职代会中发挥作用的继续和深入，是以贯彻落实职代会决议、决定为主要内容开展的。

（1）根据职代会通过的年度生产经营目标，积极组织和带动职工通过开展合理化建议活动、劳动竞赛等群众性的经济技术创新工程的活动。

（2）带领职工积极贯彻和落实职代会通过的各项决议（如集体合同要求职工要遵守和完成的事项、企业改制方案的执行、各项规章制度的执行等）。及时反映生产经营中出现的问题和决议执行中出现的新情况，敦促有关部门纠正和解决。

（3）参加职工代表团组组织的职工代表视察活动，积极提出问题，对重要问题要做好记录。

（4）参加职工代表大会有关专门小组组织的民主质询、民主对话及其他活动。

（5）在车间、班组民主管理中发挥骨干作用。

二、充分发挥职工代表的作用

职工代表是职工代表大会的主体，职工代表大会职权的行使主要是通过职工代表的活动实现的，因此，职工代表要密切联系群众，改进工作方法，坚持实事求是，充分发挥作用，这是决定职工代表大会效果和质量的关键。

1. 保持与职工群众的密切联系

职工代表是职工群众中的一员，其履行各项职责的最终目的是为职工群众服务的，应该保持同职工群众的密切联系，取得群众的信任和支持，从职工群众中得到智慧和力量。要主动帮助职工群众解决职工群众在生产、生活和学习中遇到的问题。对于职工群众的正确意见，要及时向工会和职工代表大会反映，对于群众提出的不正确意见，也要向职工群众做好耐心细致的解释工作，真心为职工群众排忧解难。如果脱离职工，听不到职工的呼声，不掌握真实情况，就不可能发挥职工代表的作用。所以，职工代表要保持同职工的密切联系。

2. 坚持实事求是的原则

职工代表在参与企业管理的各项活动中，要牢记自己是职工群众的代表，是在代表职工群众行使民主管理权利，自己的一言一行要对职工群众负责，不能以个人的意见和见解来代替群众的意见。

因此要如实地尽量全面地表达和反映职工群众的意见和要求，坚持以事实为根据来说话。在表决时，不要盲目随波逐流，也不要害怕别人的议论，要敢于表达自己所代表的职工的意见。

要如实传达职工代表大会决议和决定，力求做到传达不走样，不遗漏主要精神，千万不能因为个人的意见被否决，就进行片面的宣传和解释。

3. 改进思想方法和工作方法

职工代表一头连着职工，一头连着企业。因此在工作中一定要做到思考问题全面，工作方法得当。

既要注意生活福利问题，又要注意生产经营问题。职工的生活福利问题不容忽视，但是不能只注意这一个方面，而要以更多的精力来思考、研究生产经营方面存在的问题。如产品质量、成本、销售和服务等，要善于找出生产经营的薄弱环节，积极提出建议加以解决。我们常说“大河没水小河干”，只有企业发展了，才能为职工办更多的好事、实事，职工的合法权益才能得到更好的维护，因此在思考问题要兼顾二者的利益，做到企业得发展，职工得实惠。

要注意变被动参与为主动参与。职工代表的高度负责精神，充分体现在职工代表的自觉性和主动性上。职工代表不是企业的岗位职务，是受职工委托参与管理工作，因而这种自觉主动的精神更为可贵。

职工代表要在参加企业各项民主管理活动中勤于动脑、注意观察，积极主动地发表意见、提出建议。

要注重调查研究。尽可能地全面了解情况，并对了解和掌握的情况进行认真分析比较，从而做出正确的判断，这样反映问题才能有理有据。

4. 正确处理企业和职工的利益关系

企业内部也有局部利益和全局利益的矛盾。每个职工代表是由各基层单位选举出来的，当然要如实反映和代表本单位职工的意见。但职工代表大会作出决议后，不论是符合本单位职工的意愿和要求，都应积极拥护和贯彻执行，不能采取任何消极态度，这是作为职工代表必备的素质和必须遵守的纪律。

第四节 职工代表培训

加强对职工代表的培训，是提高职工代表素质，提高职工代表质量，充分发挥职工民主管理作用的一个重要环节。通过培训，提高职工代表的思想政治水平、科学文化水平和参加管理的能力水平。

一、职工代表应具备的素质

职工代表的素质是指职工代表行使职工代表权利，履行职工代表义务所必备的各种内在的要素。

1. 文化素质

职工代表要具有一定的文化水平，对管理内容有基本的了解和掌握。职工代表具有和参与管理内容相适应的文化知识，才能有比较宽广的视野，讨论单位重大问题。比如审议企业的生产经营重大决策时，不仅可以借助文字材料还能利用网络资源，了解和把握参与内容的全部情况，并提出建设性的意见和建议。

2. 政治、法律素质

职工代表要有一定的政治和法律政策水平，不仅了解时事政治，而且对政治、法律的基本知识、原理有一定的了解，不仅要懂得我国的法律、法规，还要知晓我国签订的国际劳工公约。只有这样，才能保证职工代表大会通过的决议和决定符合法律规定。

3. 责任感

职工代表虽然不是一种行政职务，却担负着重要职责。有些职工称它是“兵头将尾”，这表明职工代表在基层单位劳动关系中具有一种特殊的地位，这种地位主要表明一种职责，即代表职工进行利益表达和参与管理。职工代表的这种职责不仅要求他们必须密切联系群众，从群众中汲取思想和智慧，做职工群众的贴心人，还要求他们有较强的责任感，在重大原则问题上要出以公心，敢于担当责任，敢于坚持真理，坚持正义，不怕打击报复，不怕挫折，不计较个人得失，能代表职工讲话，为职工群众办事。

二、职工代表培训的内容

加强对职工代表的培训，是提高职工代表素质的重要途径。在一定程度上讲，职工代表培训是提高职工代表大会质量和效果的关键。不同单位在开展职工代表培训工作时，要根据职工代表的实际水平和参与管理的实际需要确定培训内容。以下三项内容是基础性和普及性的内容，在对职工代表进行初始培训时可列入其中。

1. 增强责任感和行使民主权利的教育

这项内容主要包括：（1）对职工代表进行权利和义务教育。组织职工代表学习《职工代表大会条例》，开展职工在劳动关系中地位和作用的讨论，促进职工代表树立光荣感和责任感，正确理解职工代表的权利和义务及两者之间的关系，既能准确行使自己的权利，又不忽视义务的履行。（2）正确处理国家、集体和个人三者之间关系的教育。职工代表要树立国家利益和人民整体利益的观念，树立全局观点，正确处理局部利益与整体利益，眼前利益和长远利益，个人利益和集体利益的关系，在关注职工工资福利不断提升的同时，也要顾及所在单位的扩大生产、扩大规模、技术和设备投资等关乎单位发展后劲的问题，不能只顾现实利益而忽视未来利益。

2. 党和国家的方针、政策以及法律法规教育

任何企事业单位虽然都有其经营和管理内容的特殊性，但在贯彻和执行政府

制定的政策和法律法规方面却都是一样的。职工代表主要应了解以下内容：(1)《宪法》《企业法》《公司法》《职工代表大会条例》等法律法规中关于职工民主管理的规定；(2)《民法》《劳动法》《经济合同法》《集体合同规定》《劳动合同法》，以及诸如有关厂务公开、职工退休管理、工伤和失业保险等法规关于职工劳动者合法权益的规定；(3) 中央政府或地方政府关于合理化建议和技术改进奖励条例、质量管理小组的规定，企业职工奖惩条例和有关行业颁发的条例，等等。

3. 管理基础知识和有关生产专业知识的教育

职工代表由于受客观条件的限制，一般不可能了解整个单位的生产经营管理情况，熟悉各种专业管理知识。作为职工代表应该学习和掌握一些管理基础知识，比如企业的计划管理、技术管理、财务管理、劳动工资管理、物资管理、营销管理等方面的知识。对企业的职工代表而言，要了解和掌握企业的产品品种、产品发展方向、产品更新、产品信息以及国家对下达的主要技术经济指标，主要生产流程以及企业的生产发展基础、集体福利基金、奖励基金的来源和使用范围等情况。只有这样，职工代表在参加审议重大问题时，才能提出有针对性和更有价值的建议，职工代表参与管理的重要性和作用才能受到更多的重视，建议被采纳的把握性也就更大。职工代表参与民主管理的重要性和作用受到更多的重视，就更能激发职工代表参加管理，为单位的发展献计献策的热情，从而在劳动关系的发展中形成良性互动。

三、职工代表培训的方法

培训职工代表的形式和方法有多种多样，不管采取什么样的形式和方法，都要从单位实际需要出发，结合职工代表的工作实际，决定培训的方法。根据职工代表培训的实践情况，主要采取的方法主要有以下几种：

1. 举办职工代表培训班

职工代表换届后，对新选出的职工代表集中组织学习，这是一种脱产培训方法，培训内容一般是基础性内容，比如职工代表的权利与义务、职工代表大会的职权及行使中注意的问题等。对职工代表进行脱产的集中培训，能使职工代表受到比较系统的教育，具有提高整体水平和收效较快的特点。

2. 专题培训

这是根据开展职工民主管理工作的实际需要，对职工代表进行的专题培训，培训的目的在于掌握政策、明确任务、学习方法、统一思想。召开职代会之前，围绕职工代表大会准备审议的重大议题，或者准备开展的某一项活动，对职工代表进行专门的培训。如在审议企业改制方案以及其他重大决策前，请有关专家或职能部门的相关人员作报告，向职工代表讲解应掌握的方针、原则和知识，引导职工代表分析不同方案的利弊得失，让职工代表进行可行性研究，确定最佳方案。这样的培训针对性强，学以致用，便于代表们掌握。同时也使职工代表学到了有关方面的知识，提高参与管理的能力。

3. 管理知识培训

要使职工代表在审议生产经营和管理方面的重大决策问题时，能够有充分的发言权，就要帮助职工代表学习相关的各种业务知识，需要请经营管理方面的专家和技术人员给职工代表讲课，比如定额管理、财务管理、全面质量管理等的知识。这种方法比较适用于对各种专门小组（委员会）的职工代表进行培训。

4. 组织职工代表参加民主管理的实践活动

职工代表通过参加民主管理的各项实践活动，使他们了解本单位的状况，学习管理知识，提高职工代表参加管理的实际工作能力。例如经常吸收职工代表列席有关行政会议，如计划会议，生产调度会议，经济活动分析会议等，科研单位的科研会议、学术会议等；组织职工代表检查职工代表大会决议落实情况；开展各种形式的民主评议监督干部活动；组织职工代表参加对行政领导干部的质询活动，以及检查单位内部各种责任制实行情况的活动，组织职工代表参加不同层次的民主管理小组的活动等。有条件的单位还可以组织职工代表到其他民主管理工作有特色和成绩显著的兄弟单位进行调查、学习和交流。通过这些实践活动，使他们在工作实践中边工作边学习边提高，不断提高他们从事企业管理的能力。

职工代表培训的形式和方法是多种多样的，除以上几种主要形式外，还可以结合民主生活工作的实际，举行民主管理的成果发布、知识测验、智力竞赛；定期对职工代表进行考核以及建立职工代表活动日制度等。通过这些活动，让职工代表经常感受到民主参与的氛围，增强对职工民主管理工作的兴趣和实际经验，并把这些经验转化成促进职工民主管理发展的工作能力。

第三章

职工代表与职工代表大会制度

职工代表大会是实行民主管理的基本形式，是职工行使民主管理权力的机构。开好职工代表大会，依法落实它的各项职权，是搞好民主管理、确立职工主人翁地位的重要保证。要开好职工代表大会，必须注意做好职工代表大会的筹备和组织工作，选好职工代表，认真确定大会的中心议题，搞好大会提案的征集和处理工作，严格按照民主程序进行，并形成有关决议。

第一节 职工代表大会的性质、任务及与党政工的关系

一、职工代表大会的性质

1988年颁布的《企业法》对职工代表大会的性质作了如下表述："职工代表大会是企业实行民主管理的基本形式，是职工行使民主管理权力的机构。"表述的前半部分是描述职工代表大会的组织形态，而后半部分则是对职工代表大会本质的描述。对性质的表述可以从三个方面理解：

1. 职工代表大会是一种"代表制"性质的组织

所谓代表制，是指在不能实现直接民主的地方和时候，用民主选举的方式组成实现权力的代表机关。它主要内容包括选举的原则和方式，代表的责任和监督，代表机关的组织活动和权限以及同其他机关之间的关系等。代表制本质上体现了少数人在行使权力方面的特殊作用。虽然组织中的每一位成员都有其相应的权力，但由于受成本、效率、素质等诸多因素的影响，并不能做到人人都可直接行使，只能用选举方式选出自己的代表集中行使。代表制的建立，表明多数人对成为代表的少数人委托，即把权力委托给少数人统一行使，也表明了大多数人自愿接受少数行使权力的现实。作为代表的少数人虽然可以直接行使权力，但其代表身份限定了权力行使的范围和原则，即要做到在职工代表大会上"代而表之"，代替职工行使权力，而不能完全按照自己的意愿随意而为。

2. 职工代表大会是行使权力的机构

权力是一个非常广泛的概念，一般认为，权力就是根据自己的目的去影响他人行为的能力。这就是说权力是一种力量，依靠这种力量可以造成某种特定的结

果。所以说到权力，它必然包括三个环节：一是力量，二是作用，三是结果。因此，可以从力量的性质和结构，从作用的方式和手段，从结果的格局与意义方面对权力进行分析和理解。职工代表大会是行使权力的机构，它依法开展活动，运用协商、咨询、共同参与等方式作出的决定，其他组织和机构有服从和执行的义务，通过其他部门的执行实现职工代表大会的要求，并造就出新的相对来说更符合职工利益要求的利益关系格局。

3. 职工代表大会行使的权力是民主管理的权力

职工代表大会行使的权力并不是宽泛意义上的行政权力，而是特定的民主管理权力，按《职工代表大会条例》规定，它是指“审议企业重大决策，监督行政领导，维护职工合法权益等方面的权力”。因此，职工代表大会的权力有其确定范围职责。

二、职工代表大会的任务

职工民主管理的权力主要是审议重大决策，监督行政领导，维护职工的合法权益。行使这些权力的任务就落在了职工民主管理的基本形式职工代表大会身上。因此，职工代表大会的任务主要是围绕这三项权力的内容而展开。

1. 审议重大决策

就基层企事业单位的职工代表大会而言，审议重大决策就是讨论审查和通过有关企事业单位的生产经营和管理方面带有全局性的重大问题，讨论决定涉及职工切身利益的重大事项。职工代表大会审议重大决策，主要是审议确定长远的和近期的经营管理方针与目标，包括实施过程需要调整的目标，也包括重要实施方案和措施。

2. 监督行政领导

职工代表大会的这项任务是指通过一系列的制度安排和民主活动，检查各级行政领导人的工作，并予以督促。监督的主要内容是看行政领导是否正确处理国家、企业、职工三者的利益关系；是否正确行使职权；是否认真实施职工代表大会审议、通过和决定的事项；在廉政建设方面能否做到廉洁奉公、遵纪守法。

3. 维护职工的合法权益

职工代表大会的这一任务是指通过开展各项活动，维护职工根据国家法律规定应当行使的权利和享有的利益。维护职工合法权益，是职工有组织地保护自己的合法权益免受侵犯的法律行为。它包括维护职工在劳动、培训、工资、福利以及社会保障等方面的权利和利益，也包括职工的精神利益和文化利益。

三、职工代表大会与党政工的关系

1. 职工代表大会与企业党组织

职工代表大会作为职工群众的代表机构与基层党组织的关系，实质上是党同工人阶级群众的关系在基层的体现。我国企事业的民主管理，必须在党的领导下进行。职工代表大会接受企事业党组织的思想政治领导，既是我国职工民主管理的优良传统，也是我国职工民主管理的政治优势。

第一，职工代表大会接受党组织的思想政治领导，其重要意义主要体现在以下几点：

（1）有利于建立和健全职工代表大会制度。在企事业中建立健全职工代表大会制度，是一项关系到企事业全局的重要工作，需要企事业党组织从全局出发，加强领导，统一协调各方面力量。实践证明，加强党组织对职工代表大会的统一领导，是建立健全职工代表大会制度，发挥职工代表大会作用的关键。

（2）有利于职工代表大会在行使职权时，更好地贯彻党和国家的路线、方针、政策与法律、法规。通过职工代表大会的各项决议把党和国家的路线、方针、政策与法律、法规变为广大群众的自觉行动，也有利于其在实践中的贯彻执行，保证职工代表大会的正确方向。

（3）有利于增强职工的主人翁责任感。职工代表和职工群众在参加企业管理活动时，经常要处理各种非常实际的利益关系，需要企业党组织做好思想政治工作，教育和引导职工代表和广大职工群众正确处理利益关系，增强主人翁的责任感，为企业发展作出新的贡献。

（4）有利于协调职工代表大会与企业行政的关系。

第二，职工代表大会接受基层党组织的思想政治领导，要注意把握以下方面：

(1) 组织职工学习党和国家的方针、政策和法律、法规。职工代表参与企业重大问题的决策，既要有较高的主人翁觉悟，又要熟悉党的方针政策，懂得国家有关的法律、法规，有参政议政能力。因此，企业工会要制订计划，通过各种形式对职工代表进行培训，提高职工代表的整体素质。

(2) 职工代表大会的议题和要讨论的重大问题，应主动征求党委的意见。职工代表大会在其职权范围内讨论的企业重大问题，包括开展的一些重要活动，应征求党委的意见。取得党委的指导和支持。如，召开职工代表大会的计划和方案；拟提请大会审议的重要报告和决议；重大活动的安排；闭会期间日常民主管理工作中需要解决的重要问题；日常检查监督过程中遇到的重大事项。

(3) 在各项活动中要认真贯彻党的路线、方针和政策。职工代表大会在履行各项职权、进行各项民主管理的活动中，必须坚持贯彻党的方针、路线和政策，执行国家的法律、法规及上级的各种规定。

为了保证党的路线、方针和政策得到贯彻落实，还应做到以下几点：企业行政要针对职工代表大会讨论的问题，就有关政策进行讲解；职工代表大会专门小组进行活动时，请行政的有关业务部门讲解相应业务知识；努力创造条件，使职工代表能参加有关会议、阅读有关文件。

2. 职工代表大会与厂长（经理）

在企业中，要进行现代化大生产，必须建立健全企业法人治理结构，实行厂长（经理）的调度集中统一、高效率的生产经营指挥，就必须实行厂长（经理）负责制。同时，还必须建立健全职工代表大会制度，搞好企业的民主管理，保证职工的主人翁地位和民主权利。这样才能在厂长（经理）的集中统一领导下，充分地调动职工的社会主义积极性，把企业办好。由此可见，厂长（经理）负责制同职工代表大会制是搞好企业生产经营活动、增强企业活力的不可缺少的两个重要方面。厂长（经理）要支持职工代表大会行使民主管理的权力，企业厂长（经理）要支持职工代表大会依法行使职权。

第一，企业厂长（经理）在支持职工代表大会行使民主管理的职权方面，应做好以下工作：

(1) 积极支持开好职工代表大会，保证职工代表大会有效地行使职权。职工代表大会召开之前，要积极参与商定职工代表大会的主要议题，并且责成行政有关部门，积极做好有关文件、方案的起草和准备工作。对提交职工代表大会讨论审议的方案，应同工会和职工代表大会专门工作委员会（小组）进行充分协商，有关文件还要按照规定提前交由职工代表审议提出意见和建议，并根据职工代表的意见和建议，修改、完善有关方案。职工代表大会召开期间，要认真向职工代表大会报告工作，认真听取职工代表审议意见，及时解答职工代表提出的质疑，对属于职工代表大会审查同意或否决权、审议决定权范围内的问题，厂长（经理）应尊重职工代表大会作出的决定。职工代表大会闭会后，应运用行政手段，组织实施职工代表大会作子网掩码各项决议或决定。遇有需要临时解决的属于职工代表大会职权范围内的重大问题，应及时提交联席会议协商解决。应特别指出的是，行政对企业生产经营中的一些重大问题的决策，属职工代表大会职权范围内的事项，要主动提交职工代表大会审议，不能违反规定，自主“拍板”决定。

（2）支持职工代表大会评议监督行政领导干部。要教育各级行政干部正确对待群众评议，自觉接受群众监督。对职工代表大会的评议结果和奖惩建议，要研究制定并兑现整改措施。在选聘各级行政干部时，要把组织考察同民主考评有机结合起来。

（3）认真处理应由行政方面处理的提案。接到职工代表大会提案后，要立即责成有关行政职能部门认真研究，提出意见。对于可以解决的，要组织人力物力限期解决；条件一时不具备的，则如实说明情况和原因，以取得职工群众谅解。所有提案处理意见都要通过有关途径，及时反馈转达给提案人。

（4）支持职工代表大会各专门工作委员会（小组）的工作。对专委会为检查、督促、落实职工代表大会决议而开展的各项活动，行政有关部门要密切配合、尽力提供必要的情况，接受质询和检查；对提出的问题，应认真听取、及时处理。

第二，职工代表大会支持厂长（经理）行使职权，厂长（经理）是企业生产经营指挥系统的首脑，在企业中处于中心地位，对企业的物质文明建设、精神文明建设和政治文明建设负有全面责任。厂长（经理）能否正确有效地行使职权，关系到企业的生产效率和经济效益，关系到企业的命运和前途，也关系到国家利益和职工的切身利益。为此，职工代表大会要代表并带领全体职工支持厂长（经理）依法行使职权。

职工代表大会支持厂长（经理）行使职权，要做好以下几个方面的工作：

（1）要严格执行党的政策和国家的法令，维护生产经营指挥系统的调度权威，支持行政认真负责地进行行政管理和生产指挥，不干预行政职权范围内的日常事务。

（2）采取各种方式，经常教育职工不断提高主人翁责任感，自觉遵守劳动纪律和各项规章制度，严格执行各项经济责任制，努力增产节约，保证完成和超额完成生产和各项工作任务。

（3）对行政工作中的困难，要发动群众献计献策，齐心协力共渡难关，对行政工作中的缺点和不足之处，要及时善意地予以指出、热情地帮助克服改正。

3. 职工代表大会与工会

企业工会代表和维护职工合法权益，是职工民主管理的组织者。职工代表大会的工作机构是企业的工会委员会。企业工会委员会负责职工代表大会的日常工作。上级工会有指导、支持和维护职工代表大会正确行使职权的责任。

企业工会作为民主管理的组织者和参加者，要切实把民主管理当作工作重点。首先，要把职工代表大会组织制度建设抓紧抓好。要逐步健全和完善职工代表大会的组织机构，充分发挥其作用；要抓好职工代表大会的制度建设，建立健全各项工作制度，建立责任目标并加强对其检查监督。其次，要加强工会自身的建设，不断提高工会干部自身的素质和参政议政能力。再次，要抓好职工代表队伍建设，优化职工代表结构，稳定职工代表队伍，不断提高职工代表的参政议政水平。

企业工会作为职工代表大会的工作机构，要积极做好职工代表大会的日常工作。《职工代表大会条例》明确规定了企业工会委员会作为职工代表大会的工作机构所承担的七项工作：

（1）组织职工选举职工代表；

（2）提出职工代表大会议题的建议，主持职工代表大会的筹备工作和会议的组织工作；

（3）主持职工代表团（组）长、专委会（小组）负责人联席会议；

（4）组织专门委员会（小组）进行调查研究，向职工代表大会提出建议，检查督促大会决议的执行情况，发动职工落实职工代表大会的决议；

（5）向职工进行民主管理的宣传教育，组织职工代表学习政策业务和管理知识，提高职工代表素质；

（6）接受和处理职工代表的申诉和建议，维护职工代表的合法权益；

（7）组织企业民主管理的其他工作。

上级工会要切实负起指导、支持和维护职工代表大会正确行使职权的责任。在实际工作中，由于多种因素的影响，职工代表大会的民主管理工作中还有不少困难。特别是在企业深化改革建立现代企业制度的新形势下，经常面临许多新的情况和问题。作为上级工会组织，要切实负起责任来。一方面要加强政策指导、源头指导和宏观指导，把握好大政方针；另一方面要对基层职工代表大会组织制度建设、职权落实和民主管理工作给予支持和帮助，支持和维护职工代表大会正确行使职权。

第二节 职工代表大会的职权

职工代表大会职权，是职工代表大会依法享有的基本职责和权力。职工代表大会的职权，取决于企业所有制和职工代表大会的性质。按照我国现行法律和法规的规定，全民所有制企业的职工代表大会，是职工行使民主管理权力的机构；集体所有制企业的职工代表大会，则是企业的权力机构。《中华人民共和国全民所有制工业企业法》（以下简称《企业法》）规定的职工代表大会职权有五项，简称为：审议建议权、审查同意或否决权、审议决定权、评议监督权、民主推荐或选举权。

一、职工代表大会的审议建议权

职工代表大会的审议建议权，是指职工代表大会依法享有的、对企业生产经营重大决策进行审议，并提出意见和建议的民主管理权力。《企业法》第五十二条第一款规定，职工代表大会有权“听取和审议厂长关于企业的经营方针、长远规划、年度计划、基本建设方案、重大技术改造方案、职工培训计划、留用资金分配和使用方案、承包和租赁经营责任制方案的报告，提出意见和建议。”这项规定表明，厂长（经理）对企业生产经营具有决策权，但厂长（经理）的决策必须提交职工代表大会进行审议并作出相应的决议。

行使审议建议权的一般程序

对企业生产经营乱重大问题进行决策，应是一个完整的科学决策过程。在这一过程中，需要建立一套民主的、科学的决策制度和程序。职工代表大会对企业生产经营重大决策的审议过程，实际上就是科学决策的选择方案阶段。这方面的程序主要有以下几个环节。

1. 参与决策方案起草

当经营者对生产经营重大问题有某项决策初步意见时，可以通过工会向职工群众作较为详细的说明，然后由工会和职工代表大会专门委员会（小组）组织职工代表进行讨论和论证，并向厂长（经理）提出决策意向的建议。然后，由行政业务部门起草方案，工会参与起草工作，反映职工的意见和建议。草案形成后，由工会发动和组织全厂职工讨论，为修改决策草案献计献策。

2. 会前预审

在正式召开职工代表大会前一至二周，把决策方案发给全体职工代表，使职工代表有充足的时间去征求职工群众的意见并进行充分的讨论。然后由职工代表大会生产经营委员会（小组）等进行专题预审。如有可能，还可提供两个以上方案，请职工代表在审议过程中进行比较和选择。

3. 会中审议并形成相应决议

在正式召开职工代表大会对企业生产经营重大决策进行审议时，先由厂长（经理）或有关行政领导作报告，介绍制定决策的依据和采纳职工代表意见和建议的情况。工会主席还可以作讨论审议情况的报告。然后各职工代表团（组）组织职工代表进行讨论，提出进一步修改的意见和建议。最后作出相应的决议。

4. 会后实施

企业生产经营重大问题决策方案在实施过程中，职工代表大会要利用各种形式，向全体职工宣传企业经营方针目标；通过群众性的立功竞赛、合理化建议、技术革新和技术改造等活动，吸引广大职工为实现企业经营目标而共同奋斗；要围绕决策方案的实施，经常性地开展各种形式的民主管理活动，如职工代表视察等民主管理活动，以保证决策目标的实现。

二、职工代表大会的审查同意或否决权

职工代表大会的审查同意或否决权是指职工代表大会具有对企业劳动报酬、劳动条件和企业管理中其他重要规章制度的审查同意或否决的权力。《企业法》第五十二条第二款规定，职工代表大会有权“审查同意或否决企业工资调整方案、资金分配方案、劳动保护措施、奖惩办法以及其他重要规章制度”。职工代表大会的这项职权，规定了上述内容只有经过职工代表大会同意并形成决议，才能付诸实施，反之，如被职工代表大会否决，则不能予以实施。

行使审查同意或否决权的一般程序

职工代表大会行使审查同意或否决权，一般要经过拟定草案、审查方案、修改方案等程序。

1. 拟定草案

拟好草案是先决条件，是一项基础工作。职工代表通过事先参与草案的拟定，能够对需要审查表决的方案有一个全面的了解，有利于更好地履行这一职权。职工代表参与拟定草案，可以分两个步骤：

（1）行政拟定有关议案（草案）前，应向企业工会通报情况。工会和职工代表大会有关专门委员会（小组）要积极主动地与企业行政或厂长（经理）交换意见。

（2）在召开职工代表大会前将草案发给职工代表，由工会或代表团（组）组织职工代表进行讨论，提出修改意见。并在此基础上由工会主持召开代表团（组）长和专门委员会（小组）负责人联席会议，对代表们提出的意见进行归纳和整理，然后交企业行政。

2. 审查方案

审查方案是行使审查同意或否决权的中心环节。一般分三个步骤；

（1）行政根据职工代表提出的意见，对草案进行修改后提交职工代表大会，

并就草案内容及修改情况向大会进行说明。

（2）大会代表进行讨论审查，提出审查意见。主席团汇集职工代表的审查意见，进行整理，然后向厂长（经理）或者有关部门提出，再作进一步修改。

（3）有关部门进一步修改后，提交职工代表大会审查，进行表决。如经审查同意，则厂长（经理）公布实施该方案；如被否决，则不得公布实施。

3. 修改方案

修改方案主要有两个方面：

（1）指被职工代表否决的方案，企业行政可重新进行修改，并提交本届或下届职工代表大会重新审查，但不得提交职工代表团（组）长和专门委员会（小组）负责人联席会议审查通过。

（2）指大会审查同意后的方案，在大会闭会期间如发现有不够完善或因情况发生变化需要修改的，须经职工代表大会讨论同意，或授权职工代表大会联席会议协商处理，但须向下次职工代表大会报告，予以确认。

三、职工代表大会的审议决定权

职工代表大会的审议决定权，是指职工代表大会依法具有对职工生活福利方面的重大事项作出决定的权力。《企业法》第五十二条第三款规定，职工代表大会有权“审议决定职工福利基金使用方案、职工住宅分配方案和其他有关职工生活福利等重大事项。”企业实行职工代表大会制度的初始，党和国家就赋予职工代表大会这项职权，主张职工生活福利问题由职工群众自主管理。

行使审议决定权的一般程序

职工代表大会审议决定职工生活福利的重大事项，都是涉及群众切身利益的敏感问题。为了充分体现职工群众的意愿，一般要经过下列程序。

1. 制定初步方案

工会组织职工代表参与制定有关涉及职工生活福利事项方案。其主要步骤：

（1）组织职工代表大会有关专门委员会（小组）在调查研究的基础上，向行政提出有关职工生活福利事项的初步意见和建议；

（2）行政在接到工会提出的意见和建议时，应根据企业的实际情况，认真进行研究并提出意向；

（3）企业行政有关部门与工会和职工代表大会专门委员会（小组）负责人一起参加制定相应项目的具体实施草案；

（4）草案制定后，工会组织职工进行讨论，专门委员会（小组）搜集整理职工的意见后再次提出修改意见。

2. 审议决定方案

职工生活福利事项初步方案交由职工代表大会审议，其步骤为：

（1）在正式召开职工代表大会之前，将准备提请职工代表大会审议决定的方案发给全体职工代表，请他们提前审议并征求所在单位职工的意见；

（2）在召开职工代表大会正式审议决定时，由厂长（经理）或有关行政部门介绍方案的具体情况，然后经职工代表充分讨论，在各方基本达成一致意见时，再进行正式表决，并作出相应的决定。

3. 监督实施方案

职工代表大会审议决定的职工生活福利的重大事项，应由企业行政负责实施。企业工会和职工代表大会有关专门委员会（小组）要定期组织职工代表进行检查，督促已经决定项目的顺利完成。企业行政要在下一次职工代表大会上报告实施情况。

四、职工代表大会的评议监督权

职工代表大会的评议监督权，是指职工代表大会具有对企业领导干部进行评议监督的权力。《企业法》第五十二条第四款规定，职工代表大会有权“评议、监督企业各级行政领导干部，提出奖惩和任免的建议。”《职工代表大会条例》第七条第四款规定，职工代表大会根据评议结果，对工作卓有成效的干部，可以建议给予奖励，包括晋级、提职。“对不称职的干部，可以建议免职或降职。对工作不负责或者以权谋私，造成严重后果的干部，可以建议给予处分，直至撤职。”这是社会主义企业职工依法享有的一项重要的民主权力。

民主评议干部的一般程序

在企业民主管理的实践中，民主评议干部的方法很多，无论采取哪种方法进行，都必须遵循一定的程序，才能保证评议的效果。民主评议干部的一般程序是：

（1）职工代表大会召开前制定评议方案，发出评议领导干部的通知。由各代表团（组）和职工代表采取适当形式广泛征求干部、职工的意见。

（2）党委在被评议者和职工代表中进行思想动员、提高认识、端正态度，正确对待民主评议干部工作。

（3）被评议干部要认真总结自己的工作，写出述职报告，并在职工代表大会上进行述职。

（4）职工代表大会要安排充分时间组织职工代表进行评议，并对被评议干部投测评信任票。测评分为“优秀”、“称职”、“基本称职”、“不称职”四个档次。

（5）评议监督干部工作委员会（小组）对评议和测评情况进行归纳汇总，并向大会主席团报告评价结果。

（6）评议监督干部工作委员会（小组）负责向被评议干部转达评议意见，并受主席团委托向大会作评议结果报告。

（7）评议监督干部工作委员会（小组）向上级干部主管部门和上级工会报告民主评议情况和结果。

（8）制定整改措施。同级党委要组织被评议干部对照评议意见，开展批评与自我批评。被评议干部向评议监督干部工作委员会（小组）提出个人整改措施。整改情况应在下次职工代表大会述职时作出报告。被评议干部对评议结果有疑问，可向评议监督干部工作委员会（小组）提出个人意见，由评议监督干部工作委员会（小组）调查核实。

（9）职工代表大会根据民主评议结果，对工作卓有成效的干部，建议给予表彰奖励；对工作不负责或以权谋私，造成严重后果，职工群众反映强烈的干部，应建议给予处分，直至撤职；对测评不称职票超过职工代表总数二分之一的干部，应建议免职或降职。各级职工代表大会对干部的奖惩、任免建议，必须提交大会主席团审议，并经全体职工代表半数以上通过，按干部管理权限由主管部门审定。上级主管机关对下级职工代表大会上报的干部奖惩、任免建议，一般应在一个月作出答复。

五、职工代表大会的民主推荐、选举权

职工代表大会民主推荐或民主选举权，是指职工代表大会具有民主推荐或民

主选举厂长（经理）的权力。《企业法》第四十四条规定："厂长的产生除国务院另有规定外，由政府主管部门根据企业情况决定采取下列几种方式：（1）政府的主管部门委任或招聘；（2）企业职工代表大会选举。"《企业法》第五十二条第五款规定：职工代表大会有权"根据政府主管部门的决定选举厂长，报政府主管部门批准。"《职工代表大会条例》第七条第五款规定："职工代表大会根据主管机关的部署，可以民主推荐厂长人选，也可以民主选举厂长，报主管机关审批。"《集体所有制企业条例》第九条规定："职工代表大会是集体企业的权力机构，由其选举和罢免企业管理人员。"第二十八条第二款规定，职工代表大会有权"按照国家规定选举、罢免、聘用厂长（经理）、副厂长（副经理）。"可见，职工代表大会民主推荐或民主选举厂长，是法律赋予职工代表大会的一项重要权力。

民主推荐或民主选举厂长（经理）的一般程序

职工代表大会民主推荐或民主选举厂长（经理），一般要经过四个程序。

1. 组织准备阶段

在这个阶段，要做好以下工作：

（1）根据《企业法》的要求和企业的实际情况，由上级主管部门作出职工代表大会民主推荐或民主选举厂长（经理）的决定；

（2）根据上级主管部门的部署，由企业党政工联合协商制定出切实可选择民主推荐或民主选举厂长（经理）的实施方案，实施方案的内容应有民主推荐或选举厂长（经理）的宗旨、方法、步骤和候选人条件。

2. 思想动员阶段

思想动员阶段要注意做好以下工作：

（1）运用各种形式对全体干部职工进行宣传动员，组织学习企业主管部门关于民主推荐或民主选举厂长的决定和公布民主推荐或民主选举厂长（经理）的实施方案；

（2）对职工进行思想教育，教育职工积极、认真、严肃地参加民主推荐或选举活动。

3. 推荐和选举阶段

推荐和选举阶段要做好以下工作：

（1）向上级主管部门上报推荐的候选人名单；

（2）努力创造各种条件，使全厂职工更好地了解候选人情况；

（3）进行信任投票或民主选举，信任投票或选举应采用无记名投票方式进行。

4. 选举结果处理阶段

这个阶段要做好以下工作：

（1）向上级主管部门上报选举结果；

（2）上级主管部门根据企业上报的选举结果，及时批复或任命。

职工代表大会民主推荐或民主选举厂长（经理）是一项重要的工作。在开展此项工作时，必须加强领导，认真制订方案，严格按程序办事，同时要把思想动员和思想教育工作贯穿于整个推荐选举过程中。

第三节 职工代表大会的组织机构

一、职工代表大会主席团

1. 职工代表大会主席团的人员构成及产生程序

职工代表大会主席团是职工代表大会会议期间的组织领导机构，并主持会议。

根据《职工代表大会条例》规定，职工代表大会主席团成员应有工人、技术人员、管理人员和企业的领导干部。其中工人、技术人员、管理人员应超过半数。主席团成员必须是本届职工代表大会的正式代表，其人数可根据职工代表人数多少确定。职工代表大会主席团不实行常任制。

职工代表大会主席团是在职代会预备会议上由职工代表选举产生的，其具体程序是：

（1）工会根据《职工代表大会条例》及本单位制定的《职工代表大会实施细则》，同单位党政领导协商后，提出大会主席团的人数、构成比例等具体方案；

（2）工会组织召开代表团（组）长联席会议，协商确定大会主席团候选人名单；

（3）将候选人名单提交职工代表大会预备会议，由全体职工以无记名投票方式选举产生，也可以举手表决通过，全体职工代表半数以上同意方可当选。

根据需要可以从主席团成员中选举产生大会秘书长，秘书长一般由工会主席或副主席担任为宜。

2. 职工代表大会主席团的职责

（1）主持好大会，领导大会期间的各项工作；

（2）听取和综合各代表团（组）对各项议题审议的意见，对方案进行修改；

（3）研究大会议题中需要通过和决定的事项，草拟大会决议；

（4）主持大会的表决和选举工作；

（5）处理大会期间发生的其他问题。

职工代表大会主席团的工作是为职工代表大会顺利召开履行其职能服务的，它不能代行职工代表大会的职权。主席团讨论决定问题，要坚持民主集中制原则，实行集体领导。职工代表大会的全体会议一般由大会主席团成员轮流主持。

二、职工代表大会专门委员会（小组）

职工代表大会的专门小组（委员会，下同）是根据职工代表大会工作需要而设置的执行专门任务的临时性或经常性的机构。

1. 专门工作小组的构成

专门小组成员一般在职工代表中提名，根据职工代表人数及要解决问题的难易程度确立小组的人数，3～5人不等，也可以聘请少数有特殊专长的非职工代表参加，但须经职工代表大会通过。专门小组对职工代表大会负责，承办职工代表大会交付的各项工作。

2. 专门小组的设置

根据职工代表大会职权而设置专门小组，一般设立以下几个专门小组：

（1）生产经营小组。它主要是为职工代表大会行使审议企业生产经营重大决策的职权服务。组织动员职工实现生产经营决策目标，检查监督行政部门贯彻落实有关决议。其成员构成应多吸纳技术人员和管理人员参加。

（2）规章制度小组。主要是为职工代表大会行使审议通过重要规章制度的职权服务。这个小组涉及工资、资金、劳动保护等方面的许多问题，专业性较强，可根据情况单独设立专门小组。这个小组应吸收一些懂得劳动政策和法律常识的职工代表参加。

（3）生活福利小组。它主要为职工代表大会讨论决定职工生活福利事项的职权服务，也包括保护女工特殊利益的有关事项，负责检查督促上述事项有关决议的贯彻实施。

（4）监督评议干部小组。主要为落实监督行政领导人员及民主评议领导干部的职权服务。这个小组应吸收党委组织部门、行政人事部门和纪检部门的职工代表参加。

以上小组是最常见的，一般来讲都可以是常任制的，其职权有效期限和职工代表大会的届满期限相同。除此之外，企事业单位可以根据实际情况设立其他一些专门工作小组，比如在女职工比较集中的企事业单位，可以单独设立女职工工作小组。一些单位还可以根据工作需要，设置一些临时性的工作小组，待该项任务完成后，即可撤销。

3. 专门工作小组的主要任务

（1）审议提交职工代表大会的有关方案；

（2）在职工代表大会闭会期间，根据职工代表大会的授权，审定属于本专门小组分工范围内需要决定的临时性问题，并向职工代表大会报告予以确认；

（3）检查、督促有关部门贯彻执行职工代表大会决议和职工提案的处理；

（4）办理职工代表大会交办的其他事项。

三、职工代表大会代表团（组）长、专门委员会（小组）负责人联席会议

联席会议必须有完善的组织制度和会议制度来保证，才能够正常开展活动，并发挥应有的作用。联席会议的组织制度和会议制度要经职工代表大会审议通

过，其主要内容包括：

1. 联席会议的组成人员

联席会议的成员由三方面的人员组成：一是企业工会委员会委员，二是职工代表团（组）长，三是专门小组负责人。

《职代会条例》规定，联席会议可以根据会议内容，邀请企业党政负责人或其他有关人员参加。这些被邀请的人员主要包括三个方面：一是党政负责人，二是有关方面负责人，三是有业务专长的职工代表。联席会议邀请上述人员参加，一方面可以请他们介绍有关情况和政策，另一方面可以听取他们的意见，这样可以使问题解决得更妥当。

2. 联席会议的程序

召开联席会议，要做好必要的准备工作和会议的组织工作，主要程序是：

（1）联席会议协商处理的议题，由厂长（经理）、工会、职工代表团（组）和职工代表大会专门小组提出，经企业工会委员会讨论确定。

（2）企业工会将拟审定的议题及有关材料，提前发到代表团（组）长和专门小组负责人，并由他们征求职工代表和职工群众的意见。

（3）企业工会收集各代表团（组）和专门小组的意见后，交有关方面研究，形成进一步修改议案。

（4）召开会议时，由提出议案的负责人介绍议案制订的依据、主要内容、目的、要求，然后进行认真讨论，各抒己见，在协商一致的基础上，形成决议。

（5）联席会议在讨论问题出现意见分歧时，可以休会，待各方面认识基本一致后，再提交联席会议协商解决。

（6）协商处理问题的结果送企业领导者，由企业领导者负责落实，并由职工代表团（组）长传达给职工代表或职工群众。

3. 联席会议的会议制度

联席会议至少每季度召开一次，遇有工作需要，随时召开。每次会议必须有各代表团（组）的代表出席。

联席会议由企业工会委员会召集，由企业工会主席主持会议。

为便于掌握情况，联席会议可记届次，如某厂第某届职工代表大会第某次联席会议。

实行民主协商制。形成决议前，要尽可能征得企业有关方面同意；如果联席会议形成的决议与企业有关方面意见不一致时，可请企业党委协调。

职工代表大会依法建立健全上述组织机构和制度，是贯彻职工代表大会组织原则——民主集中制的需要。职工代表大会一方面要有广泛的民主，让职工群众畅所欲言，充分发表意见；另一方面要在充分发扬民主的基础上，实行调度集中，一旦形成决议，就要朝着共同的目标，统一行动。

第四节 职工代表大会的会议制度

一、职工代表大会的预备会议

预备会议是在职工代表大会正式召开前为大会做好各项准备工作的会议。开好预备会议，可以为职工代表大会的圆满成功奠定基础。

职工代表大会预备会议由企业工会主持召开，全体职工代表参加，选出大会主席团后，即由大会主席团主持会议。其主要程序是：

（1）选举大会主席团。

（2）由工会主席汇报本届（次）职工代表大会的筹备情况，提出大会议题和议程的建议。

（3）通过代表资格审查委员会（小组）做的代表资格审查情况的报告。

（4）通过职工代表大会的议题和议程。

（5）决定大会其他有关事项。

为了开好预备会议，应将大会的有关事项事先向代表通报。在预备会议上，应让代表充分发表意见，根据需要，也可安排职工代表在大会上发言，就如何开好职工代表大会统一思想。有些企业提前召开预备会议，并把需要经职工代表大会审议的企业行政工作报告和其他议案发给代表，以便他们充分地考虑和酝酿，也便于代表就某些问题进一步征求职工群众的意见，取得更好的效果。

二、职工代表大会的正式会议

开好职工代表大会是职工代表依法行使民主管理权利的重要积保证。因此，大会主席团要严格按照预备会议通过的议程，依照规定的民主程序，认真主持好大会。

职工代表大会的主要程序一般包括：

（1）大会执行主席核实出席大会的职工代表人数。到会职工代表超过代表总数的三分之二，即可宣布开会。开幕词应简要讲清本次大会的目的、意义、中心议题和主要任务。此后宣布大会议程。应当注意会前正式通知职工代表，企业行政方面应安排好生产、工作，保证代表的出席率。职工代表有特殊情况不能出席会议的，应向代表团（组）长请假。

（2）由企业领导人做工作报告。报告主要内容应包括企业生产经营管理情况、存在的问题及改进措施，企业发展计划、基本建设和重大技术改造方案，有关改善职工生活福利的情况等。如工作报告已事先发给代表进行充分讨论，可针对职工代表提出的意见，作出说明。

（3）由企业行政有关负责人做专题议案的报告。凡应提交职工代表大会审查或审议的方案，均由行政有关负责人向大会报告，说明制定的依据、目的和具体实施办法，也可针对职工代表对议案的意见，作出说明。

（4）由工会主席及职工代表大会专门小组负责人就上次职工代表大会决议落实情况、职工代表提案处理情况、集体合同执行情况等向大会作出报告。

（5）企业工会主席就职工代表大会闭会期间，职工代表团（组）长和专门小组负责人联席会议处理的重大事项，向大会作出说明，提请大会确认。

（6）以职工代表团（组）为单位，就以上报告、议案分组进行讨论。同时对大会的各项决议草案和需经大会选举的候选人进行酝酿。大会主席团成员分别参加本代表团（组）的讨论。

（7）各代表团（组）应指定专人认真记录职工代表的讨论发言，整理归纳后，将讨论意见向主席团汇报。

（8）大会发言。应安排时间让代表在大会上发言，可由各代表团（组）推选代表，在大会上陈述本团（组）讨论审议的意见和建议，也可让职工代表自由发言。

（9）选举。根据有关决定和实际需要，选举参加董事会、监事会、劳动争议调解委员会的职工代表，参加工资协商的职工代表和企业领导人等；根据大会主席团的提名，表决通过职工代表大会专门小组的人选；表决通过其他需经职工代表大会选举的人员。

（10）对有关的各项议案和大会决议、决定草案进行表决。

（11）致闭幕词，宣布大会结束。

三、职工代表大会的临时会议

根据《职代会条例》规定，遇有重大事项，经企业领导人、企业工会或三分之一以上职工代表的提议，可召开临时会议。

四、职工代表大会的选举和表决

职工代表大会进行选举和作出决议，必须经全体职工代表过半数通过。这里所说的全体职工代表，是指应出席职代会的所有职工代表的总数，包括出席会议的职工代表和那些由于各种原因未能出席会议的职工代表。

职工代表大会进行选举和对决议进行表决一般应采用无记名投票方式。对涉及职工切身利益的事项必须采用无记名投票方式进行表决。

职工代表大会对企业领导人的工作报告和提交大会的各项方案，经过认真审议后，应当由职工代表大会作出决议或决定。职工代表大会在其职权范围内依法作出的决议和决定，未经职工代表大会同意，企业任何组织和个人无权修改。

职工代表大会决议可分为单项决议和综合决议。单项决议是职工代表大会就某一议题作出的决议，其特点是内容单一，便于职工代表审议和表决。综合决议是就职工代表大会审议的几个或全部议题作出决议，其特点是决议中包括的内容比较多，如果职工代表对决议草案中某一项内容有不同意见，表决时就会遇到困难。因此，企业职工代表大会要根据实际情况，采取有利于表决通过的决议形式。

职工代表大会形成决议的程序主要有：

（1）大会主席团根据职工代表大会对企业领导人的工作报告及其他各项议题进行审议的情况，起草决议草案。

（2）将决议草案交给职工代表团（组）讨论，提出修改意见。

（3）大会主席团集中各代表团（组）讨论的意见做进一步修改。

（4）在职工代表大会上宣读决议草案，并征求职工代表意见。

（5）大会对决议草案进行表决形成决议。

第五节 职工代表大会提案

职工提案不要把它简单地理解为仅是职工代表填写一张提案表，它的实质仍然是职工的一项民主权利，是职工将自己的诉求通过提案的形式变为职代会意见的过程。一方面，职工可以自由地表达自己的意愿，职代会有责任和义务帮职工完成其意志的表达；另一方面，职工的意愿又必须约束在职代会职权范围内，所提出的意见和要求应当符合法律法规和政策的规定，不能超越职代会的权力范围。

因此，职工提案首先是一个法律行为、是一种权利规定。职工提案从广义上讲是指，由企业职工代表或职工群众认为职代会应当讨论、处理的方案或建议，并由提案审查委员会（小组）审查立案之后，成为职代会意见的过程。其实质是，企业职工代表和职工群众依法享有的权利和责任。它是职代会制度的一项法律规定，不同于体现职工积极性的合理化建议活动。从狭义上讲，职工提案就是职工向职代会表达意见的文本形式。这是职工参加企业管理、行使民主权利的重要手段。所以征集和处理好职工提案，是开好职代会的一个重要内容和环节。

一、职代会提案工作的基本要求

职代会提案是职工代表在广泛征集职工意见的基础上，经过调查、研究，就改革、发展以及广大职工普遍关心的重要问题，按照规定的程序和程式，提交职代会讨论立项，由相关责任部门承接答复落实的意见和建议。

"提案"和通常所说的"意见"有联系，但也有区别。"提案"应包括案由、理由、整改办法或措施、提案人和附议人等内容，即包括提出的问题和提出问题的原因，解决问题的建议或办法等。

1. 对提案人的要求

提案人必须是本届职代会的代表。

2. 提案内容要求

职工代表大会提案的内容应是关系企业生产经营和职工切身利益的、需要职工代表大会讨论立案解决的有关重要问题。那些要求解决个别人的具体问题的意见或对某领导人个人的批评意见，虽然也要认真处理，但一般不作为提案。

围绕职代会的中心议题，提案内容包括两方面：

一是涉及企业改革和发展全局的重要工作；

二是职工普遍关心的其他重要事项。因此，职代会提案的属性就体现了重要性和普遍性的原则。按照这个原则，一般问题及个别意见将不列入职代会提案的范畴。

下列情况为不合格提案：

（1）不属于本厂和本届职代会职权范围内的问题；

（2）没经过充分的调查、考证、案不符实的提案；

（3）不符合党和国家方针、政策、法律、法规的问题；

（4）不符合技术规范、缺乏可操作性（简单定性、指向性不清、无从下手）的提案；

（5）涉及职工对自身或他人个别的具体问题；

（6）有关领导或职能部门已经明确答复待办的事宜。

3. 时间要求

提案的征集一般在大会召开前一个月开始，并限定截止日期、具体要求，由企业工会或职代会提案工作委员会下发通知。基层工会组织职工代表深入员工征集意见建议，进行整理提炼，在规定时间内完成，由代表团（组）统一交提案工作委员会。

4. 格式的要求

提案表中必须有一位代表为提案人，另有2名以上的代表为附议人，并需亲自签名（缺少附议人亲笔签名不能作为有效提案）。提案人在撰写提案时，需用统一印发的提案表格，要求一事一案，案由事实确凿，建议具体可行，字体书写清楚，提案一式二份。

二、职代会提案的处理程序

1. 提案的征集

征集提案的目的在于征求和收集职工代表、职工群众关于职代会中心议题及职工关心的热点问题的意见和建议，群策群力，集思广益，使职代会开得更有实效，使企业的一些热点问题解决起来具有更多的方法和途径。

征集提案的过程还是进一步引导广大职工积极参与企业民主管理的过程。因此，应通过多种渠道和途径，广泛征集提案。这项工作大致有以下几种做法：

（1）由企业工会或职代会提案工作委员会（小组）印发征集提案通知和提案表，在职代会大会筹备工作开始时（大会召开前一个月左右）发给职工代表，组织职工代表撰写提案。

（2）由企业工会组织召开各种座谈会或培训会，通过座谈和培训，使职工代表和职工群众明确职代会的中心议题，提案工作的目的、意义和要求，提案处理落实的程序，以及提案征集的截止日期等事项。

（3）由职工代表通过走访职工群众等途径，主动向职工群众征集提案。

（4）在职代会开会期间，通过听取厂长（经理）工作报告和对大会中心议题的深入讨论，由职工代表提出提案。

2. 提案的整理、汇总

提案委员会对征集的提案进行审理，对不合格的提案、加以解释、说明后，退回代表团、提案人。对合格的提案进行审查、编号、登记造册，归纳、统计、分析，对内容相同或相近的提案合并成一个提案，便于集中处理、答复。

3. 提案的立项

提案分类整理后，提案委员会要提出初步的处理意见，提交职代会或主席团会议（团长联席会）讨论立项。凡是立项的提案，有关责任单位和领导应给予答复或处理。

4. 提案处理方案的确定

落实责任单位收到提案后要认真研究，及时处理。凡有条件解决的问题，应在接到提案后十天内提出解决方法和日期。对于一时难以解决的问题，有关部门应按提案处理程序提出解决方案和完成日期，并在一个月后反馈进展情况。对于短期内无力解决的问题，有关部门要实事求是地说明理由，解释清楚，取得提案人的理解。

5. 提案的落实和反馈

（1）落实：为使提案得到有效落实，责任单位要指派专人负责，按照制订的方案措施抓好落实。为促进提案落实，提案工作委员会可适时组织行政、纪委、工会人员和职工代表进行专项巡视，对于不按时转达和答复的，或能办不办，对提案采取应付、推诿，要接受职工代表的质询，巡视组可视情节轻重，建议企业做出适当处理结果反馈。

（2）反馈：立项的提案，不论是已落实的还是没有落实的，都要在规定的时间内向提案人反馈处理结果，并征求提案人和附议人的意见，做到案案有着落，件件有交代。途径：通过工会送达提案人手中；承接单位直接向提案人反馈（也可采取在职代会上公布、张榜公布、网上传输等方式）。提案人要把处理结果转告各附议人，并将对提案处理的满意度反馈到工会。

6. 提案落实情况报告

提案委员会对提案的落实情况要及时进行总结，形成书面报告向企业党委汇报，在职代会上向全体代表通报。对优秀提案可给予提案人和附议人适当奖励。

三、如何撰写提案

1. 填写提案表

（1）案由。案由是提案的主旨，如同文章题目。力求用简明的文字写出。

要注意案由和提案内容的一致性，不要出现脱节和矛盾现象。

（2）提案人。即提案的职工代表的姓名。职工代表联名提出的提案，发起人签名应当列于首位。

（3）理由。理由部分是写提案所要解决某项问题的理由或原因、根据。它是提案的核心部分。在阐述理由时，尽可能抓住问题的实质、要害，做到明确、扼要、具体，避免笼统、空泛。

（4）办法。针对理由反映出来的问题，提出自己的主张和办法。

（5）审查意见。是指确定由什么单位承办。这一栏由提案委员会负责审查填写。

（6）工作单位和通信地址、电话号码及邮政编码。这是为了便于承办部门的联系，要认真详细填写。

2. 撰写要求

围绕用人单位的中心工作和重大问题，筛选好提案题目。这是写好提案的基础。选择题目要求小求准；观点立意要求深求新；建议部分要求细求实。

筛选提案内容的方法，有三种：

一是自上而下式。看用人单位要求做的，而本部门没有做的；

二是自下而上式。从周围群众关心的热点问题上提炼；

三是横向移植式。看外地有什么先进经验，可以拿来为我所用。

总之，要找大政方针已定，但远远未能全面落实的问题；或是一个部门难以办到，需要多个部门统一协调的问题；无主管部门属于夹缝中的问题；横向比较存在明显差距的问题；群众反映强烈的问题等。

选准题目后，制作标题要醒目，简短鲜明地表达主题，让人一看就能注意，令其非看下去不可。正文要充实。既有看法，又有办法；既看病，又开处方。要多用一些生动朴实的群众语言，让人如临其境，如闻其声。建议部分是重头戏，一定要写好。把紧要的话——讲出来，把重要的理——点出来，把关键的数——抠出来。文字不要太长，开门见山，单刀直入，多写短文。

3. 基本原则

一是准确性原则。提案中列出的数据和情况必须有根有据，切不可道听途说。要保持一颗平静的心，不要没等说就牛气冲天，写出话来充满火药味。要客观地反映问题，冷静地思考对策，积极地提出建议。

二是宏观性原则。要站得高，看得远，想大事，议大事。

三是超前性原则。不人云亦云，能多看出几步棋。要跳出一时一地的局限，以宽广的眼界审时度势，我们的提案只有棋高一着，适度超前，才能引起重视。

四是可行性原则。提建议要量力而行，脚踏实地，特别是一些建议性项目，如果缺乏可行性，办理工作就不是去落实，而是下功夫去答复，给办理部门也增加负担。

4. 方法

一要深入调查研究。提案是要提出问题并解决问题的，提案产生过程中的调查研究是有别于一般的调查研究的，其特点是针对性强。调研是基础，只有深入调查研究，多听、多看、多思、多学，取得第一手资料，准确掌握问题的实质和要害，作出正确的判断，才能使提案言之有据。

在选好提案的题目后，就要深入实际进行调研，从中掌握第一手资料。同时，要尽可能的搜集与选题相关的内容与信息，进行分类整理。调研中要注重了解全面情况，既要了解好的一面，又要了解差的一面；既要同有关部门了解问题，又要倾听群众的意见和要求，有时候还要注意倾听专家的意见，更好地把握材料的准确性，得出的结论要经得起推敲，从而使提案基本达到言之有理，言之有据。

在提案中，千万不能出现“听说”、“据反映”之类的话。如果不做任何调查研究，没有任何准备，临时上阵，一拍脑瓜“信手拈来”的“即兴之作”，不可能提出解决问题的办法和措施。即使提了，也不可能提到点子上，做不到合情合理，缺乏可操作性。

二要善于搜集和利用材料。

5. 选题

常言道：“种瓜得瓜，种豆得豆。”提案选题也是这个道理。题目选得好，对于提案能否进入决策，并产生积极的经济效益和社会效益有关键性的意义。那么怎么选题呢？作者认为包括三个方面的问题：

一要围绕中心工作，反映大事。要围绕用人单位的中心工作及重大问题，职工群众普遍关心、重视、有意见或反映强烈而用人单位还未注意到的问题，用人单位正在急于寻找出路和办法的问题，而不是仅局限在一些小的、枝节的问题上或反映鸡毛蒜皮的小事。

二要结合本职工作。俗话说“隔行如隔山”。书写提案最好要结合自己的专业，结合自己所从事的工作提出问题和建议。不熟悉的领域不是不可以提，但有难度。只有选择那些自己熟悉的、信息资料数据相对完备的题目内容，并结合自己的切身体会来写，才能撰写出具有较高质量的提案。

三要找准切入点。在选题过程中，既要找重心，又要善于发现“薄弱点”。对有些需要多部门统一协调解决、政策落实还没有完全到位，以及群众反映强烈需要立即解决的问题等，要从宏观方面着眼，从微观方面入手，选好角度，找准切入点，进行认真研究，找出原因，提出建议。

6. 撰写

有情况、有分析、有建议，主题突出，条理清晰，措施具体，具有一定的可操作性。

一是撰写要有新意。写提案是为了帮助用人单位正确决策、改进工作，提供有价值的建议和意见，因此，提案撰写尽可能要有新意。对于相同的主题，要从新的角度去阐述，运用各种生动、有说服力的新材料和典型事例去求新，同时，要用一些新的语言，增强感染力。

二是说理分析要深刻。提案只有提的到位、写的深刻，有内容、有高度，才能发人深思，给人启迪，才能对实际工作起到指导和推动作用。因此，撰写提案要尽可能的展开去写，由此及彼，由表及里，由近及远，充分说理，才能加深人们对这一问题的认识，引起有关部门的重视。

三是思考要超前。提案既要研究一些关系当前发展的现实问题，又要把眼光放在发展上，着力进行一些超前思考，研究一些发展性、超前性、预见性的问题。

四是建议要具体。写提案一定要注意写好建议部分。因为建议部分是提案的关键，集中反映提案目的，也反映提案献计献策的水平。提案中的建议部分，一定要有可操作性，不能只有看法、没有办法，或者办法很笼统。这样，承办单位办理起来就难于下手。一件提案，承办单位是针对这部分中提出的问题作答复的，去跟踪抓落实，求得提案效益的。因此，一定要在这部分多下功夫，把自己置身于承办单位的位置认真思索，力求建议、意见具体，办法、措施可行。

提好建议，在工作中应抓好四个环节。

其一，知情。这是提好建议的重要前提。

其二，调研。这是提好建议的基础，强调要做到“四个深入”，即深入群众，深入实际，深入一线，深入现场。

其三，沟通。主要是强调提案人同承办单位事先要沟通。这是增强建议的针对性，使提案提到点子上的重要环节。现在这方面做得不够好，需要大力加强。

其四，论证。这是博采众长、升华建议的过程。现在重调查轻论证的现象比较突出，要克服。尤其要注意听取提案所涉及的群众的意见，看是否反映了他们合理要求。

7. 影响提案质量的三个问题

（1）题目选择太宽泛，不是一个解决问题的方案。

（2）分析没有说服力，缺乏数据、事例和法规的依据。

（3）建议比较笼统，不好操作。

第四章

职工代表与厂务公开制度

厂务公开是尊重职工、依靠职工办企业，是职工知情权的保证，是企业实行民主管理的基本保障，更是一种有效的民主监督。企业要根据不同情况，采取适当形式，让职工及时了解本单位生产经营活动中的真实情况，让职工理性面对诉求，这本身就可以消解疑虑、化解矛盾。其次公开本身就是一种很好的监督，公开可以促进公平，减少贪腐，增强公信力。

第一节 厂务公开的性质、发展及作用

一、厂务公开的性质

厂务公开就是企事业单位依照有关法律法规规定，将与本单位发展和广大职工切身利益密切相关的问题，通过适当形式向广大职工公开，吸收广大职工参与决策、管理和监督的民主管理制度。

这里讲的“厂”，泛指包括工业、交通、建筑、金融、财贸等各行各业类型和形式的公司、工厂在内的企业和事业单位。具体到企事业单位，可以称企务公开、司务公开、局务公开、院务公开、所务公开、校务公开等。

厂务公开，首先强调的是使职工知情，这是实现职工民主监督和民主管理的前提和重要环节。公开的关键是真实。实行厂务公开，让职工及时了解真实情况，有效地参与企事业单位的管理，才能切实从政治上保证职工的主人翁地位，从制度上落实职工当家作主的权利，切实维护好职工的合法权益，并使职工群众在参与企事业改革和管理的实践中不断地提高自己的政治、文化、业务等方面的素质。

厂务公开的实质是民主管理和民主监督。所谓公开，不仅仅是让广大职工知情而已，必须根据不同情况，分别采取适当的形式，认真听取他们的意见和建议，接受他们的监督，并依照有关规定提交职工代表大会审议通过或决定。

二、厂务公开的发展

厂务公开是广大职工群众的一个创举。1998 年 8 月至 10 月，胡锦涛等中央领导同志对石家庄拖拉机厂等单位实行厂务公开的经验和全国总工会的相关报告作出了一系列重要批示，指出：“石拖的经验有普遍意义。它不仅使企业基层民主政治建设上了新台阶，而且调动了广大职工当家作主的积极性，使企业的管理和效益达到了新水平。建议全总派人调查并认真加以总结。总结时要实事求是，石拖的变化是全面深化改革的结果，不要仅归于厂务公开这一点上。”“实行厂务公开、民主监督是加强企业基层民主政治建设的好形式，应总结经验，逐步推开。现在就制定一个指导性文件的条件尚不成熟。为推动工作，建议纪委牵头，有关部门先作出部署，要求各地扩大试点，然后再总结经验，加以完善。”“职工行使民主监督和民主管理的权利，首先必须知情。厂务公开是前提条件和基础。厂务公开着眼于调动广大职工当家作主的积极性，依靠广大职工办好企业，推进改革、发展、稳定的大局。实行这项制度要和进一步健全职代会制度结合，要和建立现代企业制度有关机制统一起来。”中央领导同志的批示，提示了厂务公开的深刻内涵，阐述了实行厂务公开的重要意义与作用，明确了推行厂务公开工作的指导思想、组织领导和总体部署。

根据中央领导同志的批示精神，1999 年 1 月，经中共中央纪委、原国家经贸委、全国总工会有关领导人召开会议协商决定，成立“全国厂务公开协调小组”。协调小组成员由中共中央纪委、国家经贸委、全国总工会的领导同志组成。协调小组下设“全国厂务公开协调小组办公室”，负责推行厂务公开制度的日常工作，办公室设在全国总工会。此后，中共中央纪委、国家经贸委、全国总工会联合下发文件，召开会议，在全国企事业单位推行厂务公开制度。

2002 年 6 月，中共中央办公厅、国务院办公厅下发了《关于在国有企业、集体企业及其控股企业深入实行厂务公开制度的通知》（中办发〔2002〕13 号，以下简称《两办通知》），对厂务公开的重要意义、指导原则和总体要求，厂务公开的主要内容，厂务公开的实现形式，厂务公开的组织领导，作出的具体规定，提出了明确要求。《两办通知》规定国有企业、集体企业及其控股企业都要实行厂务公开；其他企业可依照法律规定，采取与本单位相适应的形式实行厂务公开，推进民主管理工作。

各地区各单位按照《两办通知》的要求，结合实际情况，健全领导机构，完善工作制度，不断加大推行厂务公开工作的力度。各省（区、市）在调查研究的基础上，提出深化厂务公开、民主管理的工作部署和具体要求，并专门下发文件；同时积极推动厂务公开、民主管理的立法工作，努力使厂务公开、民主管理工作制度化、规范化。在全面推进下，厂务公开工作领导机构普遍建立，省

（区、市）成立了由副省级领导干部担任组长的厂务公开协调（领导）小组，市（地）、县（市）都有较为完善的领导机构。各地普遍加大了在国有企业改革中推行厂务公开民主管理工作的力度，不断健全完善以职代会为基本形式的企业民主管理制度，推行平等协商集体合同制度，在源头上把好制定政策参与关，在操作上把好改制方案审议关，在程序上把好职代会审议通过关。许多地方和企业通过宣传教育、先行试点、典型示范、分类指导、逐步推广的方法，加强了对非公有制企业厂务公开、民主管理工作的研究和指导，使厂务公开、民主管理在非公有制企业迅速拓展。许多地方运用ISO9000质量管理标准，制定了厂务公开民主管理工作规范、考核标准、操作规程、质量体系管理手册以及职代会操作规程等，建立了厂务公开、民主管理目标责任制、责任考核制、责任追究制。一些地方制定了厂务公开、民主管理规范化建设标准或控制程序，对企事业厂务公开、民主管理工作的职责、内容、形式、程序、制度作出全面系统、操作性强的规定，使厂务公开、民主管理的各项工作、各道程序、各个岗位都有章可循。经过各方面的共同努力，厂务公开、民主管理工作呈现出全面推进、逐步规范、不断深化的发展势头，取得了明显成效。

三、厂务公开的作用

1. 有利于扩大职工民主参与，加强企业的科学管理

厂务公开的重要作用就是为广大职工通过各种形式行使民主权利，提供了必不可少的条件；为企业加强管理，搞好民主决策和科学管理创造了重要的载体。

2. 有利于加强职工民主监督，推进企业党风廉政建设

厂务公开的积极作用就在于通过“公开”，把企业的经营管理和干部的廉政勤政情况置于广大职工群众的监督之下，形成上下结合的监督制约机制，推进企业领导班子建设和党风廉政建设。

3. 有利于密切企业党群、干群关系，调动干部和职工的积极性

推行厂务公开为企业找到了一个密切与职工群众联系的新途径。通过厂务公开，使干部与职工之间双向沟通，架起相互理解、相互信任、相互支持的桥梁，就能够进一步密切党群干群关系，有效地调动两个积极性，使企业劳动关系更加

协调与稳定。

4. 有利于坚持和完善职工代表大会制度，加强企业基层民主建设

厂务公开是职工代表大会制度的丰富和完善。推行厂务公开为我们找到了一个在新形势下既坚持职工代表大会制度，又促进职工代表大会制度发展的有效形式。

5. 有利于促进现代企业制度的建立，推进企业制度的创新与发展

厂务公开正是从推动企业形成激励和约束相结合的体制、机制、制度等方面发挥作用的，它有利于促进企业制度的创新，增强企业内部的凝聚力和市场竞争力。

第二节　厂务公开的目的、原则、要求及运行机制

一、厂务公开的目的

贯彻落实党的全心全意依靠工人阶级的根本指导方针，保障职工当家作主的权利，调动职工群众和经营管理者的积极性，促进企业改革、发展和稳定。

二、厂务公开的原则

按《两办通知》的要求，实行厂务公开的指导原则是：

（1）必须坚持以邓小平理论为指导，按照“三个代表”的要求，树立和落实科学发展观，认真贯彻党的十八大和十八届四中全会精神，坚定不移地贯彻落实党的全心全意依靠工人阶级的指导方针。

（2）必须遵循国家法律、法规和党的方针政策，实事求是、注重实效、有利于改革发展稳定和保护商业秘密。

（3）必须坚持党委统一领导，党政共同负责，有关方面齐抓共管，动员职工广泛参与。

（4）必须与企业中党的建设、领导班子建设、职工队伍建设结合起来，与建立现代企业制度结合起来。

三、厂务公开的要求

1. 国有企业、集体企业及其控股的企业都要实行厂务公开

目前还没有实行的单位尽快实行；已经实行的，要进一步深化，逐步使其内容、程序、形式规范化、制度化。特别是生产经营困难的企业更应当实行厂务公开，动员和依靠职工群众与经营者共同把企业搞好。

2. 在厂务公开工作中，要切实做好企业领导人员和职工的思想工作

企业领导人员要提高认识，自觉地把厂务公开摆到重要工作位置，纳入现代企业管理的体制、机制和制度之中。要鼓励职工积极参与厂务公开活动，支持和监督企业经营者依法行使职权，认真行使当家作主的民主权利。要加强对职工代表的培训，不断提高他们参与民主决策、民主管理和民主监督的意识和能力。

3. 在厂务公开工作中，必须坚决防止和克服形式主义，保证公开的真实性，务求工作实效

要切实做到企业重大决策必须通过厂务公开听取意见，并提交职代会审议，未经职代会审议的不应实施；涉及职工切身利益的重大事项，更应向职工公开，职代会按照法律法规规定具有决定权和否决权，既未公开又未经职代会通过的有关决定视为无效；在国有和国有控股企业，经职代会民主评议和民主测评，大多数职工不拥护的企业领导人员，其上级管理部门应采取相应的组织措施；企业领导人员违反职代会决议和厂务公开的有关规定，导致矛盾激化，影响企业和社会稳定的，要实行责任追究。

四、厂务公开的运行机制

1. 企业要建立厂务公开领导小组

企业实行厂务公开要在企业党委领导下进行。企业行政是实行厂务公开的主

体。企业要建立由党委、行政、纪委、工会负责人组成的厂务公开领导小组，负责制定厂务公开的实施意见，审定重大公开事项，指导协调有关部门研究解决实施中的问题，做好督导考核工作，建立责任制和责任追究制度。企业工会是厂务公开领导小组的工作机构，负责日常工作。

2. 建立厂务公开工作小组

企业应成立由主管行政的副职、业务处室负责人和具体工作人员组成的厂务公开专项工作小组。厂务公开专项工作小组职责：负责专项公开内容的整理汇总，职工问题的解释，提出解决方案。实行厂务公开要按每项公开的内容由有关部门或职代会专门小组拟定具体细则，对于厂务公开涉及的部门和人员，要明确相应的责任，落实到人，纳入工作目标考核。

3. 建立厂务公开监督小组

企业应成立由纪委监察，职工代表和工会干部组成的监督小组，负责监督检查厂务公开内容是否真实、全面，公开是否及时，程序是否符合规定，职工反映的意见是否得到落实，并组织职工对厂务公开工作进行评议和监督。要制定厂务公开的监督检查办法，形成制约和激励机制。

第三节 厂务公开的内容、程序、形式及载体

一、厂务公开的内容

按《两办通知》要求，厂务公开的内容包括四个方面：

1. 企业重大决策问题

主要包括企业中长期发展规划，投资和生产经营重大决策方案，企业改革、

改制方案；兼并、破产方案，重大技术改革方案，职工裁员、分流、安置方案等重大事项。

2. 企业生产经营管理方面的重要问题

主要包括年度生产经营目标及完成情况，财务预决算，企业担保，大额资金使用，工程建设项目的招投标，大宗物资采购供应，产品销售和盈亏情况，承包租赁合同执行情况，企业内部经济责任制落实情况，重要规章制度的制定等。

3. 涉及职工切身利益方面的问题

主要包括劳动法律法规的执行情况，集体合同、劳动合同的签订和履行，职工提薪晋级、工资奖金分配、奖罚与福利，职工养老、医疗、工伤、失业、生育等社会保障基金缴纳情况，职工招聘，专业技术职称的评聘，评优选先的条件、数量和结果，职工购房、售房的政策和住房公积金管理以及企业公积金和公益金的使用方案，安全生产和劳动保护措施，职工培训计划等。

4. 与企业领导班子建设和党风廉政建设密切相关的问题

主要包括民主评议企业领导人员情况，企业中层领导人员、重要岗位人员的选聘和任用情况，干部廉洁自律规定执行情况，企业业务招待费使用情况，企业领导人员工资（年薪）、奖金、兼职、补贴、住房、用车、通信工具使用情况，以及出国出境费用支出情况等。

《两办通知》同时要求，厂务公开的内容应根据企业的实际情况有所侧重。既要公开有关政策依据和本单位的有关规定，又要公开具体内容、标准和承办部门；既要公开办事结果，又要公开办事程序；既要公开职工的意见和建议，又要公开职工意见和建议的处理情况，使厂务公开始终在职工的广泛参与和监督下进行。

对比《两办通知》确定的厂务公开内容和职工代表大会职权的内容，两者在许多方面是重合的，之间也没有本质区别。中央之所以强调厂务公开的重要性，并要求在国有及集体企业深入推行，主要是因为厂务公开更侧重职工群众的知情权，而“知情”是民主参与的前提。厂务公开一般被说成是职工代表大会制度的补充与完善也正是从这方面而言的。

二、厂务公开的程序

1. 提出公开事项

根据企业情况或职代会提出的要求，由厂务公开领导小组或厂务公开办公室责成有关方面、部门公开有关内容。承办方面要及时提供公开方案。

2. 实行责任审查

由厂务公开专项工作小组整理汇总各专项公开内容，提交领导小组审查确定，保证公开内容真实、全面。

3. 明确公开方式

根据需公开的内容，采取不同的形式，逐项进行报告、通报、张榜公开。

4. 广泛听取意见

厂务公开以后，要及时以适当方式听取职工群众的反映和意见，除职工代表向职工收集意见外，对职工疑问要及时作解释。

5. 认真进行整改

按照提出的意见由行政负责人责成相关部门制定整改措施，由厂务公开监督小组督促整改。

三、厂务公开的形式

1. 厂务公开的多种实现形式

《两办通知》对厂务公开的实现形式做了明确规定：厂务公开的主要载体是职工代表大会。要按照有关规定，认真落实职代会的各项职权。要通过实行厂务公开，进一步完善职代会民主评议企业领导人员制度，坚持集体合同草案提交职代会讨论通过，企业业务招待费使用情况、企业领导人员廉洁自律情况、集体合同履行情况等企业重要事项向职代会报告制度，以及国有及国有控股的公司制企业由职代会选举职工董事、职工监事制度等，不断充实和丰富职代会的内容，提高职代会的质量和实效，落实好职工群众参与民主决策、民主管理、民主监督的各项权利，建立符合现代企业制度要求的民主管理制度。在职代会闭会期间，要发挥职工代表团（组）长联席会议的作用。车间、班组的内部事务也要实行公开。应依照厂务公开的规定，制定车间、班组内部事务公开的实施办法。

厂务公开的日常形式还包括厂务公开栏、厂情发布会、党政工联席会和企业内部信息网络、广播、电视、厂报、墙报等，并可根据实际情况不断创新。同时，在公开后应注意通过意见箱、接待日、职工座谈会、举报电话等形式，了解职工的反映，不断改进工作。

上述规定明确了职代会是厂务公开的主要载体，其他民主管理制度同时也是厂务公开的实现形式，以及厂务公开的其他日常形式，使厂务公开的实现形式更加完善。正确认识和运用厂务公开的实现形式是搞好厂务公开的可靠保证。

2. 选择厂务公开实现形式的原则

要根据厂务公开的内容和要求，依照制度规定选择不同的形式。不能想怎么公开就怎么公开。选择厂务公开形式，应遵循以下几点：

（1）法律法规和制度有具体规定的，要按规定办。《工会法》《劳动法》《公司法》《职代会条例》和政府颁发的各项专项法规，《两办通知》，以及本单位的厂务公开实施细则（办法）等有明确规定的，应按规定的公开形式办理。比如国务院2000年6月公布的行政法规《企业财务会计报告条例》明确规定：国有企业、国有控股的或者占主导地位的企业，应当至少每年一次向本企业的职工代表大会公布财务会计报告，并重点说明下列事项：①反映与职工利益密切相关的信息，包括：管理费用的构成情况，企业管理人员工资、福利和职工工资、福利费用的发放、使用和结余情况，公益金的提取及使用情况，利润分配的情况以及其他与职工利益相关的信息；②内部审计发现的问题及纠正情况；③注册会计师审计的情况；④国家审计机关发现的问题及纠正情况；⑤重大的投资、融资和资产处置决策及其原因的说明；⑥需要说明的其他重要事项。这是在职代会上进行财务公开的法规依据，要依此具体确定财务公开的内容。

（2）能够运用市场经济办法解决的问题，尽量按市场经济的办法解决，如物资采购供应招投标、管理人员的招聘等。

（3）其他厂务公开的内容，包括职工临时提出需要公开的事项，由厂务公开领导小组研究决定采取适当形式加以公开。

四、厂务公开的载体

1. 厂务公开的主要载体——职代会

(1)《两办通知》明确规定厂务公开的主要载体是职代会。

这是由厂务公开的目的、任务以及职代会的宗旨和性质决定的。厂务公开和职代会的实质都是职工民主管理，由于厂务公开的目的不仅仅是公开而已，而是要吸收广大职工参与决策、管理和监督，其实质同职代会一样是职工民主管理。职代会是法定的职工民主管理的基本形式，制度较科学，有广泛的代表性，有较高的权威性，能够更好地体现厂务公开的本质特征。因此，确定由职代会作为厂务公开的主渠道。

职代会依法行使职权、发挥任用是厂务公开的可靠保证。按照有关法律法规和制度规定，企业重大决策问题、企业经营管理方面的重要问题、职工生活福利方面的重要问题，以及评议领导干部等必须在职代会上进行公开，并由职代会依法行使职权。按规定应提交职代会审议，但由于客观原因，不能召开职代会的情况下，可通过职工代表团（组）长和专门小组负责人联席会议实行公开，如果需要形成决议，必须经过到会者协商一致，而且事后必须按规定向职代会报告，请予确认。按照有关法规规定，联席会议决定问题只能建立在协商一致的基础上，不能按照少数服从多数的原则决定问题。这些规定，有法定权威性。

（2）职代会相关制度规定也是实行厂务公开的有效形式。

为切实保证职代会行使职权，发挥作用，职代会条例中还就建立职代会专门小组（委员会）、职工代表团（组）长与专门小组联席会议，以及车间班组民主管理作出规定。这些既是职代会的重要补充形式和辅助形式，也是厂务公开的有效形式。还有职代会民主评议企业领导人员制度，集体合同草案提交职代会讨论通过，企业业务招待费使用情况、企业领导人员廉洁自律情况、集体合同履行情况等企业重要事项向职代会报告制度等，既是职工参与管理的重要制度，也是厂务公开的有效形式。可以根据厂务公开的内容与要求，适当选择运用这些形式实行厂务公开。

（3）在工作上努力把厂务公开和职代会结合起来。

其一，厂务公开的内容与职代会的职权相一致。把厂务公开内容分别纳入职代会的五项职权，按企业性质分别规范。把企业发展规划、物资采购、产品销售、基建承包发包等公开内容，纳入国有企业职代会的审议建议权，集体企业的决定权；把企业改制、兼并、出售方案，领导干部和职工群众工资奖金分配，职工下岗分流和基本生活保障等公开内容，纳入国有企业职代会的审议通过权，集体企业的决定权；把干部职工分房方案和住房公积金缴纳等公开内容，纳入国有和集体企业职代会的审议决定权；把通信工具使用、电话费补贴标准、业务招待费使用情况以及评议企业领导干部等公开内容，纳入国有和集体企业职代会的评议监督权。

其二，厂务公开的具体操作与职代会的工作程序相统一。职代会召开前，把需要公开的内容，向职工代表交底，广泛征求群众意见，如果筹划不充分，准备不到位，就不要仓促召开职代会。在职代会召开的过程中，引导职工代表以积极审慎的态度，对公开的内容进行认真的审议，做到大家充分讨论，上下达成一致，最后形成决议。在职代会闭会后，工会与有关方面一起，跟踪调查，督促检查，监督落实，并反馈职工意见，完善公开制度。

其三，把厂务公开的主渠道——职代会与其他辅助形式衔接起来。为了更好地发挥职代会闭会以后的作用，让职工更及时、更直接地了解厂情厂务，在职代会闭会以后，根据公开的内容和时间要求，通过职代会主席团（组）会、职工代表团辅助形式，及时将日常需要公开的内容向职工讲清楚，沟通思想，团（组）长联席会、厂情发布会、民主议事会、厂务公开栏等多种渠道听取意见，为企业科学决策提供依据。

2. 厂务公开的日常形式

厂务公开的日常形式按其本身的性质特点可分为：专用形式、职工参与管理的制度形式、市场经济的规范形式、新闻媒体形式。

（1）专用形式。

指专门用于厂务公开的厂务公开栏、厂情发布会、厂务公开网络，以及为公开某些事项而召开的各种会议等。其特点是，直接面向广大职工群众，及时、直观，方便职工随时了解相关情况。如厂情发布会，由厂长（经理）每季度向职工通报一次企业生产经营及执行职代会决议的情况；厂务公开栏，企业在醒目的、中心的、重要的位置，建立宽敞、大方、固定、安全的厂务公开栏，车间

（分厂、分公司）也要建立公开栏，定期公布有关重大事项；党政工联席会议、中层干部会议，属于厂务公开的问题，有一些可在这些会议上进行通报，然后向广大职工传达，有一些可以通过这些会议听取各方面意见，做好准备，再拿到职代会或民主议事会上研究解决；等等。当前企业生产经营状况、干部和职工工资奖金发放情况，领导干部和重要岗位人员任前公示、定期公开的业务招待费和领导干部电话费使用情况等可以采取这种形式进行公开。但是，这种形式的缺点是单向性，本身不具备反馈机制。所以又要通过意见箱、监督电话等及时了解职工的反映，作为这种形式公开的一种配套形式。

（2）职工参与管理的制度形式。

国有及国有控股公司由职代会选举职工代表参加董事会、监事会制度，工会参加党委和经理办公会制度，以及党政工联席会制度等，既是职工参与企业管理的重要制度，也是广大职工了解厂情的一个有效渠道。这种公开形式的特点在于参与人数较少，公开的问题可以比较深入，而且有利于双向交流。有些还在酝酿阶段，但需要听取各方面意见，特别是在一定时间段需要保密的事项，适合于采取这种形式加以公开。这种形式的缺点也在于参与人数少，职工董事、监事和工会主席在参加会议前，应注意广泛听取职工意见，会后要在遵守有关规定的前提下，采取适当形式向职工传达。

（3）市场经济的规范形式。

主要是指物资采购供应和基建项目招投标，人才招聘、选任，上市公司依照有关规定公开披露财务报表等。这种公开形式比较科学、规范、公开的范围广，适用于需要向社会广泛公告的事项，这也是广大职工知情的一个渠道。对于厂务公开的要求来说，这种公开形式的主要缺点是滞后性。因此，采取这种形式应事先向广大职工公开有关的政策和制度，事后要注意听取职工意见，改进以后的工作。

（4）新闻媒体形式。

包括企业的广播、电视、厂报、墙报等。经职代会审议通过的，或经过其他形式公开的、以后需要在更大范围宣传的厂务公开事项，都可以通过媒体形式进一步公开。这种形式的优点是，传播信息量大、速度快、效果明显。

第五章

职工代表与职工董事、职工监事制度

我国的职工董事、职工监事制度是伴随着社会主义市场经济体制的确立而发展起来的一种新型的企业民主管理制度，是现代企业制度下企业民主管理的重要形式。

《公司法》规定了公司制企业要坚持以职工代表大会为基本形式的企业民主管理制度，明确了职工董事、职工监事的选举产生程序，扩大职工董事的设置范围，同时规定职工监事的比例。2006 年 5 月，全国总工会发布《关于进一步推行职工董事、职工监事制度的意见》。与此同时，各地的地方性法规也不断出台，职工董事、职工监事制度也在实践中稳步推进。

第一节 职工董事、职工监事概述

一、职工董事、职工监事的定义

1. 职工董事和职工监事

职工董事、职工监事是指依照法律规定，通过职工代表大会（或职工大会及其他形式，下同）民主选举产生，进入公司董事会、监事会，代表职工行使决策和监督权利的职工代表。

由职工民主选举一定数量的职工代表参加董事会和监事会，参与公司制企业的决策和监督，是保证深化企业民主管理与建立现代企业制度同步发展的有效手段和重要形式。在社会主义中国，职工作为国家和企业的主人有非常具体实在的内容。工人阶级参与国家事务、社会事务和企业的民主管理与民主监督，是我国《宪法》和诸多法律法规明确赋予职工群众的政治权利。职工代表进入董事会和监事会，其意义在于确立了广大职工在公司制企业法人治理结构中的地位，是实现职工源头参与民主管理和民主监督的重要体制与机制保证，是实现企业决策科学化、民主化，完善企业法人治理结构的重大措施。

职工代表进入董事会、监事会行使法律赋予的权利，是社会进步和生产力发展的必然要求。在生产力诸要素中，职工的劳动力（包括智力、体力和技能）是最积极、最活跃的，而且是处于决定性地位的要素。尽管科技进步在生产力发展中起着十分重要的作用，但科学成果毕竟还是要通过职工的创造性劳动才能转化为现实生产力。职工是企业的主体和依靠的对象，职工代表进入公司董事会、监事会，参与企业的民主管理、民主监督，是现代公司制企业管理的内在要求和社会生产力发展的必然产物。

2. 职工董事和职工监事制度

职工董事、职工监事制度是职工董事、职工监事依法参与公司决策、行使监督权利的一系列法律、政策、规定的总称。我国的职工董事、职工监事制度是我国社会主义市场经济发展过程中，深化企业改革，建立现代企业制度的产物。

职工董事、职工监事制度具体包括如下几个方面：

（1）公司章程对职工董事、职工监事参与公司决策和管理、行使监督权利所作出的明确规定。如规定职工董事、职工监事的产生及其在董事会和监事会中的比例或具体的数量，如规定职工董事和职工监事由公司职代会民主选举产生和罢免。

（2）有关职代会民主选举、罢免和监督职工董事、职工监事的制度，包括职工董事、职工监事的条件，候选人提名办法，选举和罢免的程序、形式和表决的办法，向职代会述职，接受职工代表评议等各项制度，处理好职工董事、职工监事与职代会和工会的关系。

（3）与职工董事、职工监事责权利等相关的各项制度。如对职工董事、职工监事应享有的权利和待遇、应负的责任和义务作出的规定；为职工董事、职工监事参加各种会议，查阅文件资料，调查研究创造条件建立的各项工作制度；为提高职工董事、职工监事的业务素质和参与监督能力，建立培训等方面的制度。

二、建立职工董事、职工监事制度的意义和作用

职工董事、职工监事是指由职工代表大会、职工大会民主选举产生，依法进入公司董事会、监事会，代表职工行使决策和监督权利的职工代表。进入董事会的职工代表称为职工董事，进入监事会的职工代表称为职工监事。

职工董事、职工监事制度是指职工代表依法进入董事会、监事会，代表职工参与公司决策和监督的制度。建立职工董事、职工监事制度的重要意义和作用在于：

首先是充分体现了党的全心全意依靠工人阶级的方针在企业管理制度中的贯彻和落实。职工董事、职工监事代表职工参与企业的决策和监督，从制度上保证

了职工董事、职工监事制度能够使董事会的决策更加正确和科学，使监事会的监督更加有效。通过职工董事、职工监事的参与，使董事会和监事会更加具有权威性，作出的决策能够更多地赢得广大职工的信任、理解和支持，充分调动职工的积极性和创造性，增强企业的凝聚力。

其次是进一步完善了企业的法人治理结构。企业的重大决策不仅关系到企业的整体利益，而且关系到企业内部各方面的具体利益。出资者（股东）、管理者和职工既有共同的利益，又有稳中有各自独立的利益。职工代表参加董事会，使董事会能了解来自广大职工的意见和呼声，考虑问题更加全面。在考虑企业整体利益时，能更好地兼顾到各方面的利益、使决策更加民主、更加科学。

再次是切实加强了董事会和监事会与职工群众的联系。职工董事和职工监事不仅为董事会和监事会收集和反映来自广大职工群众的意见、呼声、愿望和要求，而且在参与决策和监督时过程中，能把董事会、监事会的工作情况向职工群众作出说明，起到重要的纽带作用。

最后是进一步从源头上维护了职工的合法权益。职工董事、职工监事直接参与企业的决策和监督，使维护广大职工合法权益更加直接、更加有效，职工群众的意见能够更加得到重视，使决策和监督更加符合职工群众的意愿，维护其合法权益。

三、实行职工董事、监事制度的依据

《公司法》第四十五条规定，“两个以上的国有企业或者两个以上的其他国有投资主体设立的有限责任公司，其董事会成员中应当有公司职工代表；其他有限责任公司董事会成员中可以有公司职工代表。董事会中的职工代表由公司职工通过职工代表大会，职工大会或者其他形式民主选举产生”。第五十二条，“有限责任公司设监事会，其成员不得少于三人。股东人数较少或者规模较小的有限责任公司，可以设一至二名监事，不设监事会。监事会应当包括股东代表和适当比例的公司职工代表，其中职工代表的比例不得低于三分之一，具体比例由公司章程规定。监事会中的职工代表由公司职工通过职工代表大会、职工大会或者其他形式民主选举产生”。第一百零九条，“股份有限公司设董事会，其成员为五人至十九人。董事会成员中可以有公司职工代表。董事会中的职工代表由公司职工通过职工代表大会、职工大会或者其他形式民主选举产生”。第一百一十八条，“股份有限公司设监事会，其成员不得少于三人。监事会应当包括股东代表和适当比例的公司职工代表，其中职工代表的比例不得低于三分之一，具体比例由公司章程规定。监事会中的职工代表由公司职工代表大会、职工大会或者其他形式民主选举产生”。

实行职工董事和监事制度，由职工代表直接参与公司高层管理、决策和民主监督，体现了职工作为企业劳动关系主体一方应享有的权利，是完善企业法人治理结构过程中职工民主参与制度的重大发展。和其他民主参与形式相比，职工董事、监事制度有层次高、参与管理直接性强等特点，具有其他民主参与管理形式不可替代的作用。它与职工代表大会制度、集体协商与集体合同制度及其他民主管理制度，共同构成市场经济体制下的职工民主参与管理体系。

职工董事、监事的身份是职工代表，他们由企业全体职工或职工代表民主选举、更换。在建立职工代表大会的公司制企业，由职代会负责选举和更换。职工董事、监事经由职工民主选举产生后，无须股东大会认可，直接进入董事会和监事会。一般而言，企业工会主席、副主席就作为职工董事、职工监事的首推候选人。工会作为职工利益的代表者和维护者，其领导人通过一定民主程序进入董事会、监事会，能够准确地、集中地反映职工群众的意见、建议和要求，更好履行其维护职责。

四、我国职工董事、职工监事制度的发展

我国的职工董事、职工监事制度在20世纪90年代，随着现代企业制度的建立并不断推进，在全国逐步得到推行和发展。1994年《公司法》的颁布实施，为职工董事、职工监事工作的开展及其制度的建立提供了法律支持。为贯彻党的十四届三中全会通过的《关于建立社会主义市场经济体制若干问题的决定》，1994年国务院决定选择百家国有企业进行现代企业制度试点，提出了建立现代企业制度的企业改革方向，为职工董事、职工监事工作的开展及其制度的建立提供了契机。全国总工会于1995年下发了《关于加强现代企业制度试点企业工会工作和民主管理的意见》，1996年中央办公厅和国务院办公厅转发了全国总工会与原国家经贸委、国家体改委联合下发的《关于国务院确定的百家现

代企业制度试点中工会工作和职工民主管理的实施意见》。特别是1999年党的十五届四中全会通过的《中共中央关于国有企业改革和发展若干重大问题的决定》明确:“国有独资和国有控股公司董事会和监事会都要有职工代表参加”,为进一步建立职工董事、职工监事制度提供了政策依据,推动了这项工作的快速发展。

《中华人民共和国公司法》于1993年12月29日第八届全国人民代表大会常务委员会第五次会议通过。先后经过两次修正,并于2005年10月27日第十届全国人民代表大会常务委员会第十八次会议通过修正案,形成了现在的《公司法》。修改前的《公司法》对职工董事、职工监事问题做了规定,但存在一些不足,一是没有对非国有控股的有限责任公司和股份有限的职工董事制度用出规定;二是没有明确规定董事会和监事会中职工代表的比例、权利义务以及待遇;三是没有对这些职工代表产生的程序作出明确规定。2005年通过、2006年1月1日颁布实施的《公司法》,规定了所有的公司制度企业要坚持以职代会为基本形式的企业民主管理制度,明确了职工董事、职工监事的选举产生程序,扩大了职工董事的设置范围,同时规定了职工监事的比例。

职工董事、职工监事工作开展十多年来,遇到了不少新情况、新问题,经过各级工会组织和有关方面的共同努力,这项工作在探索中前进,取得了实质性的进展。表现在:一是工会加强了源头参与,进入各级改革领导机构。尤其是1999年以后,配合党委、政府及其有关部门,制定、出台了一系列有关职工参与企业民主管理的政策、文件;二是许多企业在推进建制工作中,制定了一批工作制度,规范了运作程序,提供了值得借鉴推广的经验;三是各级工会积极探索,突破国有独资和国有控股公司的范围,在一批非国有控股的公司也建立了职工董事、职工监事制度,为今后建制工作的深化创造了条件。

第二节 规范和完善职工董事、职工监事制度

一、职工董事、职工监事的条件及其产生

1. 职工董事、职工监事的身份

职工董事是由职工民主选举产生的职工代表担任的董事，即劳权董事，是相对于股权董事而言的非股权董事。职工监事是由职工民主选举产生的进入监事会的职工代表。因此，职工董事、职工监事的身份都是职工代表；《公司法》规定董事会、监事会中应当有职工代表，其立法意义在于充分保证职工群众能够参与企业重大决策，保障职工作为劳动者的基本权利；使企业在决策中能够直接听取并且反映职工的意见，使决策更加科学化和民主化。在确定职工董事和职工监事人选时，进入董事会和监事会的应是指工会代表和一般职工的代表，有的公司把不担任工会主席、副主席的中层以上干部作为职工身份选进董事会或监事会是不合适的，势必造成在董事会或监事会中没有真正的职工代表。《国有企业监事会暂行条例》明确要求，监事会中的企业职工代表由企业职工代表大会、职工大会或其他形式民主选举产生，企业负责人不得担任监事会中的职工代表。

根据职工董事，职工监事的性质、身份和作用，企业工会主席、劳动模范和一线职工代表都可以进入董事会和监事会。如果受名额限制，只能进一位职工代表时，工会主席应是首选候选人。这是因为工会主席具有广泛的代表性，工会主席自身的整体素质一般较高，工会主席依托工会组织和职工代表大会开展工作，在参与和执行企业决策时，能够充分代表和维护广大职工的切身利益。从实践来看，如果工会主席进入董事会，工会副主席可以进入监事会。如果还有名额，可以再选一名职工代表进入董事会或监事会。

职工董事、职工监事与其他董事、监事有共性也有个性。其共性体现在：一方面确保董事会、监正确行使职权，维护出资人权益，向股东会负责，是职工董事、职工监事与其他董事、监事共同责任；另一方面，职工董事、职工监事与其他董事、监事具有《公司法》所规定的董事、监事的各项权利和义务，包括参加董事会、监事会会议、发表意见、获取报酬、承担责任，以及对董事会、监事会成员的其他要求。

其个性包括：第一，代表的对象不同。职工董事、职工监事作为职工的代表，要更多地代表和反映企业职工群众的意见、愿望和要求，这是董事会、监事会中职工代表的责任，是使企业董事会、监事会更好地行使职权、办好企业的客观需要。第二，《公司法》明确规定，董事会、监事会中的职工代表由公司职工代表大会、职工大会或者其他形式民主选举产生，而其他董事、监事则由股东会进行选举和更换。第三，职工董事、职工监事要向公司全体职工负责，并向职工代表大会报告工作。第四，职工董事、职工监事在董事会，监事会上的行为不是个人行为，对于他们参与董事会、监事会决策 的后果应由公司全体职工承担。第五，在董事会决策过程中，凡涉及职工切身利益的问题，如果职工代表有不同意见，应充分听取他们的陈述，或暂缓做出决定，请职工代表进一步调查研究，再提交董事会审议决定。

2. 职工董事、职工监事的条件

（1）基本条件。

根据《中华人民共和国公司法》《国有企业监事会暂行条例》有关规定，职工董事、职工监事应具备以下基本条件：

①熟悉并能够贯彻执行国家有关法律、行政法规和规章制度。

②具有财务、会计、审计或者宏观经济等方面的专业知识，比较熟悉企业生产经营管理工作。

③坚持原则，廉洁自律，忠于职守。

④具有较强的综合分析、判断和文字撰写能力，并具备独立工作能力；具有大专以上文化程度，身体健康。

⑤具备《公司法》规定的担任董事、监事任职条件的所在公司正式职工。

（2）有下列情形的不能担任职工董事、职工监事。

①无民事行为能力或者限制民事行为能力。

②因犯有贪污、贿赂、侵占财产、挪用财产罪或者破坏社会经济秩序罪，被判处刑罚，执行期满未逾五年，或者因犯罪被剥夺政治权利，执行期满未逾五年。

③担任破产清算的公司、企业的董事或者厂长、经理，对该公司、企业的破产负有个人责任的，自该公司、企业破产清算完结之日起未逾三年。

④担任因违法被吊销营业执照、责令关闭的公司、企业的法人代表，并负有个人责任的，自该公司、企业被吊销营业执照之日起未逾三年。

⑤个人所负数额较大的债务到期未清偿。

（3）更换职工董事、职工监事的一般条件。

①贪污或变相贪污有一定数额的。

②利用职权收受贿赂或者其他非法收入的。

③严重侵占公司财产为已有的。

④利用在公司的地位和职权为自己谋取私利，群众有义愤的。

⑤挪用公司资金或者将公司资产借贷给他人的。

⑥将公司资产以其个人名义或者以其他个人名义开立账户存储的。

⑦以公司资产为本公司的股东或者其他个人债务提供担保的。

⑧除公司章程规定或者股东会同意外，如发现有同本公司订立合同或者进行交易的。

⑨发现有自营或者为他人经营与其所任职公司同类的营业或者从事损害公司利益活动的。

⑩工作有严重失误或者职工群众一致认为不称职的。

⑪受到刑事或行政拘留以上处罚，党内严重警告或行政记过以上处分的。

3. 职工董事、职工监事产生的方法

职工董事、职工监事由公司工会组织职工提名候选人，经职工代表大会、职工大会或者其他形式民主选举产生。职工董事、职工监事的选举表决一般采取无记名等额选举方式进行，候选人得票超过职工代表大会应到职工代表半数通过并符合公司章程规定的人数即当选。国家监督机构派往国有独资公司的监

事会中的职工代表，经职工代表大会民主选举产生后，按国家有关规定由相应的监督机构聘任。国有独资公司和以公有制为主体的有限责任公司，股份有限公司和股份合作制的董事会成员中应当有本公司的职工代表。有限责任公司、股份有限公司和股份合作制的监事会成员中应当有适当比例的本公司职工代表。

按照《公司法》等的规定，董事会成员中应当有公司职工代表；监事会应当包括股东代表和适当比例的公司职工代表，其中职工代表的比例不得低于1/3，具体比例由公司章程规定。

4. 职工董事、职工监事的选举程序

从实践看，选举职工董事、职工监事一般依照以下程序进行：

（1）由公司工会根据公司章程确定的职工董事、职工监事的比例和任职条件制定出选举、产生方案。

（2）在广泛征求职工意见的基础上，由公司工会委员会或职工代表大会代表团（组）长、专委会负责人联席会研究提出候选人名单，并报告公司党委或上一级工会组织。

（3）召开职工代表大会、职工大会，介绍候选人简历，采取无记名投票形式选举。

（4）候选人获得应到人数1/2以上同意，方可当选。

（5）张榜公布选举结果。职工董事、职工监事依法进入公司董事会、监事会。需要更换职工董事、职工监事时也按照以上程序进行。

（6）职工董事、职工监事的任期与公司其他董事、监事相同。任期届满，可以连选连任。

二、职工董事、职工监事的权利与义务

1. 职工董事、职工监事的权利

根据国家有关法律法规规定和企业建立职工董事、职工监事制度的实践，职工董事、职工监事的权利主要包括：

（1）职工董事、职工监事享有董事会、监事会中其他董事、监事同等的权利和待遇。

（2）在涉及职工利益问题上，如果职工董事有不同意见，有权要求董事会在充分听取职工意见或与工会充分协调后再作出决定。

（3）密切联系群众，如实反映职工群众的意见和要求，代表和维护职工的合法权益，参与决策。

（4）向职工代表大会负责，定期向职工代表大会报告工作，接受职工代表大会的监督。

（5）模范执行股东会、董事会、监事会的决议和职工代表大会的决议，维护经理的指挥管理权威，履行工作职责。

（6）履行《公司章程》规定的其他董事、监事的义务，维护公司整体利益，不以权谋私。

2. 职工董事、职工监事的义务

职工董事、职工监事享有与其他董事、监事同等的权利，承担相应的义务，并履行下列职责：

一是在董事会、监事会研究决定公司重大问题时，职工董事、职工监事要正确处理出资人、公司和职工的利益关系，充分发表意见，促进公司改革发展和稳定。

二是在董事会讨论涉及职工切身利益的重要决策时，职工董事应如实反映职工要求，表达和维护职工的合法权益；在董事会研究确定公司高级管理人员时，职工董事要如实反映职工代表大会民主评议公司管理人员的情况。

三是职工监事定期监督检查职工各项保险基金的提取、缴纳、职工工资、劳动保护、社会保险、福利等制度的执行情况。

三、职工董事、职工监事的任期、补选、罢免

（1）职工董事、职工监事的任期与董事会、监事会其他董事和监事的任期相同，任期届满后，可以连选连任。

（2）职工董事、职工监事在任期以内，因故出现空缺或调离本公司，其任职资格自行终止。出现的空缺按照职工董事、职工监事的产生程序进行补选。职工董事、职工监事的空缺时间一般不得超过 6 个月。

（3）职工代表大会或职工大会有权罢免职工董事、职工监事。罢免职工董

事、职工监事必须经1/3以上的职工代表联名提出罢免案，并写明罢免的理由。

四、职工董事、职工监事的工作制度

1. 职工董事、职工监事的工作程序

职工董事、职工监事应围绕公司董事会、监事会会议议题，在参与决策前，要深入到职工群众之中，充分听取广大职工和工会的意见和建议，广泛收集职工代表反映的情况，如实反映工会、职代会或代表团（组）长和专门委员会（小组）联席会等方面形成的意见。

自觉履行职工董事、职工监事工作报告制度。每次董事会、监事会后，由职工董事、职工监事向工会委员会通报情况。每年职工董事、职工监事向职工代表大会进行述职报告一次，接受职工代表大会的询问。

职代会每年对职工董事、职工监事就履行工作职责情况进行一次评议，并根据评议结果，对认真履行职工董事、职工监事职责的人员提出奖励意见。

职工董事、职工监事的更换要按照民主程序进行，对不称职或者有严重过失的职工董事、职工监事由职代会罢免。

2. 职工董事、职工监事的工作机制

在实际工作中，职工董事、职工监事要发挥应有的作用，需要企业及其工会给予积极的支持，建立相应的工作机制来保证职工董事、职工监事切实履行职责。

（1）信息沟通机制。由于信息的不对称，在实际工作中，很多职工董事、职工监事反映，缺少必要的信息渠道，对企业重大问题不了解。由于有关文件都是按照行政级别来确定传阅范围的，仅凭会前或会上的有限时间去调查了解，很难全面掌握有关情况。对企业生产经营发展的知情权没有保证，就谈不上真正的参政议政。因此，必须建立信息的沟通机制，让职工董事、职工监事知情。

（2）咨询参谋机制。企业涉及的问题是多方面的，职工董事、职工监事要对所有方面的问题都了解、都熟悉是不可能的。从实践经验看，可以为职工董事、职工监事成立“智囊团”之类的组织，有时还可请咨询服务机构或有关专家、学者来为职工董事、职工监事提供帮助和服务。

（3）监督机制。职代会对职工董事、职工监事的工作要检查监督。职工董事、职工监事应定期向职代会汇报，做述职报告，一年至少一次。由职工代表对他们进行评议，然后职代会作出决议。如大多数职工代表对该职工董事、职工监事的工作表示不满意，就应该罢免或撤换，并做相应的替补。

（4）保护机制。职工董事、职工监事的权利受法律保护，职工董事、职工监事依法行使职权，任何组织和个人不得压制、阻挠和打击报复。职工董事、职工监事任职期间及不担任职工董事、职工监事后，公司不得解除其劳动合同，或者做不利于其就业条件的岗位变动。

（5）工作指导机制。上级工会应加强对职代会和职工董事、职工监事工作的指导，加强对职工代表的培训，不断提高其政策水平、业务水平和参与管理的能力，依法维护职工董事、职工监事的合法权益。

五、正确处理好几个关系

1. 职工董事、职工监事与职代会、工会的关系

（1）关于职工董事、职工监事与职代会的关系，《公司法》等有关法律法规未作明确规定。在实践操作中，由于职工董事、职工监事是由职代会选举产生，因此职工董事、职工监事应对职代会负责，接受职代会的监督和检查。因为职工董事、职工监事代表职工群众进入董事会、监事会，进行高层次参与和监督，在这个意义上应该属于企业民主管理的范畴，应该接受企业民主管理的机构——职代会的领导和管理。工会干部担任职工董事、职工监事进入董事会、监事会，同样应该经职代会选举生产。他们在董事会和监事会中的身份，是职工群众的代表，而不是工会的代表，同样要受职代会的领导和监督。职代会的领导作用除了在选举、述职、评议、罢免等环节上体现外，还有一个相当重要的环节，就是职工董事、职工监事在董事会、监事会讨论关系到职工群众切身利益等重大问题时，不能仅仅根据自己个人的观点来参与决策，应该根据职代会的意见来表态和表决。就是说，在董事会、监事会讨论上述问题时，职工董事、职工监事事先要向职代会报告，职代会先行讨论，取得一致意见，然后职工董事、职工监事再在董事会、监事会上发表职代会形成的意见或根据这个意见来投票表决。如企业尚未建立职代会制度，工会就应组织员工（代表）大会，来

行使相应的权力。

（2）职工董事、职工监事同工会的关系，法律法规也没有明确规定。不过，工会作为职工利益的表达者和维护者的法定地位是明确的，工会又是职代会的工作机构，因此，对工会来说，推进职工董事、职工监事制度责无旁贷。工会对建立和实行职工董事、职工监事制度，应该起到组织、服务、协调的作用。特别是在企业转制时，工会就应该提出并着手准备建立职工董事、职工监事制度；转制后，工会就应促使依法同步建立职工董事、职工监事制度，并帮助职工董事、职工监事克服困难，做好工作，发挥正常作用；职工董事、职工监事工作中与有关方面发生矛盾，工会应积极与有关方面协调。尤其是在关系到企业发展和职工利益等重大问题上，双方必须协调彼此立场，取得一致意见。这也应建立相应的工作制度。

2. 职工董事与其他董事的关系

职工董事首先是公司董事，虽是代表职工群众参与企业高层的决策，但应该与其他董事具有相同的权利和义务。因此不应该把董事会成员区分为权利义务不相同的几个部分。

（1）从我国《公司法》等现行法律法规及有关文件来看，即未对职工董事的性质、地位、作用及职责等作出具体规定，也未将职工董事与董事会其他成员的权利义务作出区分，而是统一规定了董事会成员的职责，这当然也包括了职工董事的职责。因此，若将职工董事的职责与其他董事的职责有所区分，缺乏法律依据。

（2）职工董事代表职工群众进入企业高层参与经营决策，是完善法人治理结构的一个重要方面，是民主管理深化发展的重要途径。不能仅仅把职工董事的作用局限在维护职工切身利益上，那就忽视了职工民主管理在完善法人治理结构中的地位和作用，低估了职工群众参与企业经营管理的水平和积极性。

（3）在我国，股份制是社会主义公有制的主要实现形式，企业的利益和职工的利益在根本上、总体上是一致的，在处理两者利益矛盾时，总的原则和方法是兼顾和协调。如果规定了职工董事和其他董事有不同的职责，就很容易引起董事会成员地位权利事实上的不平等，不利于董事会的意见统一，不利于各方利益的兼顾和协调。当然，职工董事是由职工群众民主选举产生的，应对广大职工群众负责，在履行董事职责时，特别要注意反映职工的意见和呼声，努力使董事会形成决议时充分考虑到职工的合法权益。而事实上，董事会的其他成员在履行职责时也都在维护公司整体利益的同时考虑到各自代表的一方利益。因此，从多角度方面来考虑问题，最后形成的决策就能在一定程度上避免片面性，符合客观实际，兼顾各方面的利益。

第六章

职工代表与平等协商集体合同制度

推行平等协商和集体合同工作，是工会协调劳动关系、依法维护职工合法权益的重要工作和任务。工会组织应坚持合法、合作、平等协商、兼顾双方利益等原则，规范协商、签约程序，加强监督履行，推动平等协商和集体合同工作的深入开展。

第一节 平等协商集体合同制度概述

一、平等协商与集体合同的概念及特征

1. 平等协商与集体合同的概念

（1）平等协商。

平等协商是指用人单位与相应的工会组织或职工民主推举的代表，为确定劳动条件、标准及与劳动关系相关的问题，依据法律有关规定进行平等商谈的行为。

（2）集体合同。

集体合同是指工会或者职工推举的职工代表代表职工与用人单位依照法律法规的规定就劳动报酬、工作条件、工作时间、休息休假、劳动安全卫生、社会保险、福利等事项，在平等协商的基础上进行协商谈判所缔结的书面协议。

2. 平等协商与集体合同的特征

第一，平等协商和集体合同制度是一项劳动法律制度。通过此项制度将劳动关系的调整纳入法制化轨道，使之成为一种劳动法律关系，使劳动者和经营者以及双方代表组织之间的权利义务关系依法得到规范。

第二，平等协商和集体合同的订立是一个有机整体，两者相互衔接，不可割裂。具体表现为：平等协商是集体合同订立的法定程序之一；集体合同的订立是平等协商的成果体现。

第三，平等协商和集体合同制度的推行适用于各类不同所有制企业。也就是说，无论企业所有制性质、规模大小或经营状况有何不同，只要有劳动关系存在，此项制度的推行就不能例外。

第四，平等协商和集体合同的订立，主要通过劳动关系双方的代表或双方的

代表组织自行交涉解决。其中，工会和职工代表是平等协商和签订集体合同的要约方。

第五，平等协商和集体合同制度的运作十分灵活，没有固定模式，并且经法定程序订立的集体合同，对劳动关系双方具有约束力。

二、平等协商与集体合同制度的历史演变及法律依据

1. 平等协商与集体合同制度的历史演变

中国的集体合同制度最早产生于20世纪20年代，是当时工人阶级与资本家斗争的工具；30年代和40年代，在中国共产党领导的解放区实行的集体合同制度也是解决劳资纠纷的形式；1949年11月22日《中华全国总工会关于私营工商企业劳资双方订立集体合同的暂行办法》是建国后第一部关于集体合同规定。集体合同在中国60、70年代，由于受党内“左”的思潮的影响，以及后来的“文化大革命”的影响，我国集体合同制度遭到了彻底否定，集体合同制度被终止实行。80年代在中华全国总工会的倡议下，集体合同渐渐恢复起来，但是，集体合同仍然没有成为调整劳动关系的基本方式，劳动合同仍充当劳动关系的主要调整工具。分析我国集体合同的兴衰史，我们可以得出几个结论：

（1）政治经济学的理论主导着集体合同的发展。

20世纪初马克思主义传入中国，马克思主义的阶级斗争学说也成为指导中国工人运动的思想。1922年7月，中国共产党第二次全国代表大会《关于“工人运动与共产党”的决议案》中，将“订立团体契约”作为工会最重要的任务之一。20世纪30年代和40年代中国共产党在解放区建立了自己的政权，既承认工人的基本权利，也承认资本家的正当赢利，集体合同成为解决劳资矛盾的有效工具。

建国后至1956年社会主义改造完成之前，中国人民民主专政的实质是工农民主专政，资本主义是被改造的对象。1949年7月5日《中共中央关于处理劳资纠纷问题的数点建设》着重强调集体合同的重要性，指出：解决劳资纠纷的形式，应以订立集体合同为主。

社会主义改造完成后至20世纪80年代，由于中国已进入社会主义时期，实行计划经济。由国家制定统一的工资计划、就业分配计划、休息休假制度等，企

业对劳动用工、工资制度没有自主权。而消灭了资产阶级的同时，无产阶级没有了对立面，集体合同这种制度的实质已消亡，无产阶级既是国家的主人，又是劳动的实施者，集体合同没有了理论基础，也丧失了存在的价值。

80年代至今，集体合同恢复和发展是在邓小平政治经济学理论的指导下进行的。邓小平的改革开放方针和政策使计划经济开始向社会主义市场经济过渡，随着中国进入WTO以及私营经济的发展，中国的社会主义市场经济与其他国家的各色市场经济相融合。在中国进入WTO后，外资因素更多，企业与劳动者的利益既有共同点，也有不同点，既要保护劳动者的利益，也要保护企业的利益。采用国际通行的集体合同的制度来调整劳动关系、调节劳资纠纷、促进产业和平的社会条件已经具备。

（2）经济成分的变化影响着集体合同的发展。

20世纪20年代，中国的工业经济结构中既有外国资本在华企业，又有民族资本、官僚买办所办的企业，集体合同成为中国工人阶级与资产阶级斗争的工具。20世纪30年代、40年代和50年代上叶，在建立中国共产党政权的地方，经济成分也是多元化的。建国以后，在《共同纲领》的保护下，建国后社会主义改造完成前，中国的经济成分是多元化的，集体合同制度在私营企业中广泛实行。此后长达20余年，计划经济下经济成分单一，国有经济基本上成为唯一的形式，集体合同无生存的基础。改革开放以后，各种经济成分并存，经济结构的变化影响劳资关系的性质，集体合同的发展随着经济成分的非国有化进程的深入而发展。

（3）工会的职能决定着集体合同的发展。

1925年5月第二次全国劳动大会通过了《中华全国总工会总章》，把集体合同的签订当作维权的手段。在苏区，1931年11月《中华苏维埃共和国劳动法》第九章规定了代表工人和职员与各行业、各机关的管理部以及各私人雇主签订合同的职能。1931年《中华苏维埃共和国劳动法》赋予了工会签署集体合同的权利和罢工的权利，这是以后所有劳动法都没有的东西。1950年《中华人民共和国工会法》把工会缔结集体合同的权利被列为工会的首位权利。改革开放以后，工会十一大确定社会主义时期我国工会有维护、建设、参与、教育四项社会职能。1992年《工会法》第六条对维护职能规定为："工会在维护全国人民总体利益的同时，维护职工的合法权益"。虽然集体合同的权利在1992年《工会法》

中得到确认，但没有放到重要的位置，这是集体合同发展缓慢的原因之一。当然2001年的《工会法》第六条重新明确了“工会通过平等协商和集体合同制度，协调劳动关系，维护企业职工劳动权益。”的职能。

（4）政府在劳动关系中的角色左右着集体合同的发展。

政府在劳动关系中的角色很重要。在计划经济条件下政府包办一切，当然劳资双方无集体谈判的条件。在市场经济条件下，政府如何看待自己在劳动关系中的角色，如何依法协调劳动关系，正是目前值得探讨的问题。但是有一点是可以确定的，即政府不可能包办代替劳资双方，在劳资双方关系的中也不可缺少政府的协调作用，可以说，政府在劳动关系中的角色直接影响到集体合同的发展。

2. 平等协商与集体合同制度的法律依据

（1）国际劳工组织的劳工公约和建议书。

国际劳工组织是联合国下属的一个专门负责劳工事务，特别是劳工立法的三方性机构，国际劳工组织制定了大量的国际劳工公约和建议书。其中涉及集体合同制度的国际劳工公约和建议书的在二战以后制定的。

①1949年国际劳工组织通过的第98号公约《组织权利和集体谈判权利公约》。

该公约规定了工人和雇主组织权利的保障和鼓励雇主或雇主组织同工人组织之间进行自愿谈判的条款。

②1951年国际劳工组织制定的第91号建议书《集体合同建议书》。

该建议书对集体合同的（概念、签订、执行、监督检查、时效以及解释权）作了规定。

③1981年国际劳工组织通过的第154号公约《促进集体谈判公约》。

该公约对集体谈判的适用范围和概念、实施办法、谈判主体等作了规定。

④1981年国际劳工组织制定的第163号建议书《促进集体谈判建议书》。

该建议书对集体谈判的实施方法，促进集体谈判的手段等方面作了规定。

总的来说，国际劳工组织制定的关于集体谈判与集体合同制度的国际公约和建议书涉及了这一制度的众多方面，这为各个国家建立集体协商与集体合同制度提供了重要的法律依据。我国是国际劳工组织的原始会员国和常任理事国之一。

（2）我国有关集体协商与集体合同制度的法律法规。

①1994年7月5日通过的《劳动法》第33、34、35、84条；

②1994年12月劳动部《关于集体协商签订集体合同试点工作的意见》；

③1995年8月劳动部意见《关于贯彻执行〈中华人民共和国劳动法〉若干问题的意见》第52、57条；

④1995年8月全总颁发的《工会参加平等协商和签订集体合同试行办法》；

⑤1996年劳动部、全总、国家经贸委和中国企协联合颁发的《关于逐步实行集体协商、集体合同制度的通知》；

⑥2000年11月8日劳动和社会保障部制定的《工资集体协商试行办法》；

⑦2001年10月27日修正的《工会法》第6、20条；

⑧2003年12月30日通过的《集体合同规定》。

国际劳工组织制定的有关集体协商与集体合同的劳工公约和建议书以及我国有关集体协商与集体合同制度的法律法规是我国建立健全集体协商与集体合同制度的重要法律依据。

三、平等协商与集体合同制度应遵循的原则

签订集体合同之前要进行集体协商，对于一场成功的协商来讲，应当遵循以下几项原则：

（1）遵守法律、法规、规章及国家有关规定的原则

（2）相互尊重、平等协商的原则

（3）诚实守信，公平合作的原则

（4）兼顾双方合法权益的原则

（5）不得采取过激行为的原则

四、西方主要国家集体谈判制度比较分析

1. 美国

美国是当今世界上经济最为发达的资本主义国家，集体谈判在美国经济发展过程中占有重要地位。美国作为市场经济模式的代表，其集体谈判制度不可避免地带有这种经济模式的某些特征。

（1）拥有深厚的法律基础。

19 世纪末，美国的一些州相继制定了承认并保护集体谈判制度的法律。1935 年颁布的《国家劳动关系法》标志着美国联邦在法律上对集体谈判制度的承认。该法规定了工会与企业进行集体谈判的权利及其要件。此后，美国相继颁布了很多相关的法律法案，这些法律法案将集体谈判制度纳入国家法律的保护之下。

（2）谈判主体结构分散。

从工会一方来看：A. 美国工会是自由的工会，工会组织程度不高，结构分散而复杂。B. 从类型上来看，分为行业工会、产业工会和总体工会；C. 从组织形式上看又有地方工会、全国工会及劳联—产联。

从雇主一方来看：美国没有中央级别的雇主组织，雇主仅是产业与地方一级组织团体，它们在谈判中所起作用不大，劳动关系问题一般都由企业自行处理。

（3）谈判形式独特。

在美国的集体谈判中，由于劳资双方组织结构都比较分散，导致其谈判形式与其他西方市场经济国家明显不同。一般来说，主要采用单一工会与单一雇主进行谈判的方式。

（4）谈判的议题及内容由法律规定。

在集体谈判方面，美国有着较为完备的法律体系，集体谈判的基本议题是由法律明确规定的。《国家劳动关系法》规定：资方与工会务必就分配比例、工资、劳动时间和就业条件进行协商。

（5）集体合同具有法律上的约束力。

在美国，集体合同的法律效力与国家的法律相一致。合同生效后，双方必须在规定的时间内执行合同，否则会受到法律的追究。

2. 英国

作为工业革命的发源地和世界上最早开展工会运动的国家，英国的劳动关系制度独具特色。早在 19 世纪中期，集体谈判制度就开始被劳资双方积极运用。在漫长的发展历程中，英国的集体谈判制度也形成了自己的特点。

（1）企业级别的集体谈判居于主导地位。

从 20 世纪 70 年代开始，地方性的集体谈判出现了。一方面越来越多的雇主开始从全国性的集体谈判中退出，另一方面政府十分支持分散化的谈判方式。由此，企业级别的集体谈判逐步取代全国性的谈判而居于主导地位，工资和劳动条件主要在企业级别决定。

（2）集体谈判更强调自愿性，集体协议不具有法定约束力。

英国工会在开展集体谈判时，往往更注重谈判所达成的集体协议对劳资双方在道义上的约束力。

英国的法律和政府机构对劳资双方的集体谈判和集体合同的内容也不进行干涉。因此，集体协议不具有法律上的约束力，不能请求法院强制执行，协议的履行主要依赖于社会的制裁。

（3）工会拥有免责权。

在英国，法律明确禁止罢工。这是原则性规定，同时法律又规定了工会的各种免责保护，这使罢工引起的民事损害赔偿和民事制裁得以豁免。

英国立法通过消极地排除法院对工会活动所设置的种种限制，来免除工会在刑事或民事上的违法责任。

（4）集体谈判和集体合同的覆盖面较小。

1998 年的英国企业劳资关系调查表明，私有企业中受集体谈判覆盖的员工不到四分之一，仅有 4% 的私有企业员工参加由多个雇主签署的行业集体合同。

3. 德国

德国也是较早推行集体谈判的国家，经过近百年的发展，已经形成了较为完整的集体谈判法律体系，以及相应的集体谈判制度。大体上来说，德国的集体谈判制度具有以下几个特点。

（1）工会组织具有自发性，入会率很不平衡，但工会影响力较大。

在德国，工会是自发组织的，职工可自愿加入和退出。根据统计，德国全国的工会入会率很不平衡。从行业看，矿山、钢铁企业一般达到 100%，银行业只有 20%；从身份看，公务员一般达到 64%，职员达到 20%，工人达到 50%。德国的工会在企业里具有举足轻重的影响，无论在企业经营管理还是在生活福利等问题上，工会与资方享有同等权力，对于企业内任何重大事项均需双方协商决定，任何谈判均以法律为基础。

（2）谈判结构中以产业谈判为主。

德国劳资双方谈判分别在国家、产业和企业三级劳资双方间进行，其中以产业级谈判为主，由国家级谈判达成的协议是产业和企业劳资谈判的基础和前提，这一点与美、英等国不同。

（3）谈判过程中主要是工会占据优势地位。

德国的集体谈判基本上是以工会提出的方案为基础，雇主方一般是在工会提出要求后，才制订出资方的提议。

（4）工资自治政策。

在德国，自魏玛共和国以来，就实行工资自治政策，即工资水平与工资结构受劳动力供求双方力量对比的影响，完全由劳资双方自主商定，政府不予干涉。

（5）“共决权”制度。

在劳资共决政策框架内，德国建立了“共决权”制度。所谓共决权制度，指的是德国法律规定的、在所有的企业中建立的雇员享有参与和与雇主共同决定企业事务的权利的制度。

（6）国家、政府对集体谈判主要采取间接控制的方式。

德国政府对劳资谈判采取了不干预、不介入的立场。但是，国家对企业工资的间接控制仍然是客观存在的。

主要通过以下几种方式：

第一，通过立法规范劳资双方的权利和义务，使集体谈判始终建立在法制化的基础之上；

第二，通过政府发言的形式，运用舆论导向对集体谈判产生影响，这种发言没有约束力，但它通常是成功的；

第三，中央银行通过调整利率来影响企业成本，从而间接影响工资；

第四，利用税收政策从收入再分配角度调节工资增长和收入差距。

4. 瑞典

瑞典的集体谈判是随着19世纪下半叶瑞典工业革命的发展而出现的，经过一百余年的发展变迁，形成了自己的特色。

（1）谈判双方的组织化、集中化程度都较高。

在所有西方国家的工会组织中，瑞典工会是最强大的。在瑞典，有近90%的工人参加了工会。主要有三大工会，分别是：由蓝领工人构成的瑞典工会联合会；由白领工人组成的瑞典职员中央组织；由知识分子构成的瑞典专业人员中央组织。这三大工会的中央组织权力很大，组织结构也很严密，有不同层次的地方组织。

与之相适应，瑞典的私营企业的雇主大多都参加同一个雇主组织，即雇主联合会，瑞典雇主联合会由35个雇主协会组成，大约有4.2万个公司。雇主一般都通过雇主组织与工会谈判，很少单个同工会进行谈判。

（2）谈判的结构高度集中。

20世纪80年代以前，瑞典的集体谈判中有一个很大的特点，即集体谈判的决定权在劳资双方组织的中央一级手中，产业和企业一级的集体谈判必须参照中央一级的谈判来进行。

（3）谈判的内容以工资问题为主。

在瑞典的集体谈判中，由于就业保障、雇员的企业管理权、工作环境等方面的问题均有立法保护，所以工资问题是谈判的最主要内容，工资谈判就成了瑞典工会的最主要职能。瑞典工会在这方面取得了较大的成果。

（4）集体协议的约束力较强。

瑞典的集体协议对签订协议的工会和雇主都有约束力，并有法律效力。如果对协议产生争执，双方必须按照法律程序来处理，或通过仲裁的方式，或通过特别劳工法庭。值得一提的是，瑞典的集体谈判中有一种特别的做法，即劳资双方签订“工业和平协议”。这类协议的内容一般是规定在双方签订的年限内不得采取工业行动，其主要目的是避免冲突的发生。

（5）政府对谈判采取不干预政策。

瑞典政府对集体谈判的态度与其社会历史传统、政体，特别是成熟的主体组织密切相关，它们基本上处于一种旁观者与调和者的地位。无论是劳资争议的处理，还是集体协议内容的审查，政府都不直接介入。

（6）良好的社会环境。

在瑞典的集体谈判中，劳资双方靠他们的愿望和能力就他们之间的关系形成各种规则，即这些规则完全是自发形成的。此外，瑞典的劳资双方在集体谈判中都将对方看作是社会伙伴，从而容易取得谈判的成功。

5. 法国

法国是市场经济十分发达的资本主义国家，但是法国的集体谈判和劳资协议制度不像其他西欧国家那样具有悠久的传统和严密的体系，法国的集体谈判制度带有很大的分散性和相当的随意性。

（1）集体谈判制度以及劳资关系的演变，都带有很强的政治性。

政治斗争的发展和政府的政治倾向对集体谈判制度的发展变化起着相当重要的作用。劳资关系的调整在很大程度上依赖于工人阶级的政治斗争而不仅仅是集体谈判制度。

（2）工会的力量较弱。

法国的工会组织主要有三个，即法国总工会、法国工人力量总工会和法国工人民主联合会。

此外，还有两个由知识分子组成的工会，即教师工会联合会和高级职员联合会。在法国的企业中，这五大工会同时存在，各工会受政治的、宗教的派系纷争的影响，工会运动长期处于分裂状态。工会的组织率在西欧国家中属于低的，大约只有10%。因此，从整体上讲，法国工会的力量比较弱。

（3）雇主组织力量较强。

与工会力量较弱相对应，法国的雇主组织较为强大。实力雄厚的大企业的雇主联合起来，组成了强大的雇主组织。法国的雇主组织主要有法国雇主全国理事会、中小企业总联合会、全国工艺手工业联合会等。

（4）签订集体合同遵循“有利职工”原则。

在法国各种类型的集体谈判中，都普遍遵循一个签订集体合同的基本原则，即“有利职工”原则，其内容主要是在不违反现行法律的前提下，集体合同中所作的规定可以更有利于职工。

6. 日本

日本的集体谈判形成于第二次世界大战之后，经过不断完善和发展，形成了自己的特点，主要表现在以下几个方面：

（1）集体谈判主要在企业内部进行。

有别于欧美各国主要以产业或行业的全国性或地方性的劳资集体谈判的方式，日本劳资双方的集体谈判主要在企业内部进行，即在企业工会和该企业资方之间进行。

（2）“春斗”。

“春斗”，即集体春季工资谈判。自1956年起，日本团体交涉就在春天进行，并形成制度。春季谈判的主要内容是工资的涨幅，也包括劳资双方共同关心的其他问题。

（3）谈判内容涉及面相当广泛。

由于日本《工会法》没有明确规定集体谈判的内容范围，因此，日本集体谈判的内容涉及面相当广泛。企业工会代表工人同企业主就工人的切身利益以及企业生产经营等事项进行谈判，凡是影响到工人劳动条件、工种和工作场所的变化，都可列为集体谈判的内容。

（4）劳资合作。

工会除了享有集体谈判权之外，许多企业尤其是大公司，还存在着广泛的、没有立法强制规定的劳资合作协商制度。劳资双方就共同关心的问题进行协商，交换信息和意见，从而加深双方的理解和交流。

（5）罢工的情况罕见。

由于日本劳资双方在谈判中的广泛合作，劳动市场上的争议很少出现，即使发生罢工，持续时间也很短。其争议的处理程序与其他国家类似，斡旋失败后进入调解与仲裁程序。

第二节 平等协商与集体合同制度的主要内容

一、平等协商

1. 平等协商的代表

平等协商的代表是指依照法定程序产生，并且有权代表本方利益进行集体协商的人员。

（1）协商代表的产生和构成。

①平等协商双方的代表人数应当对等，每方至少3人，代表资格不能交叉。其中职工一方的协商代表由本单位工会选派，没有建立工会的由本单位职工民主推荐，并且要经过本单位半数以上的职工同意。用人单位一方的协商代表由用人单位法定代表人指派。

②各方要确立一名首席代表。其中职工一方的首席代表由本单位工会主席担任，工会主席也可以书面委托其他协商代表代理首席代表；工会主席若空缺，则由工会主要负责人担任；没有建立工会的，从协商代表中民主选举产生。用人单位一方的首席代表由用人单位法定代表人担任，或者由用人单位法定代表人书面委托其他管理人员担任。值得注意的是，双方首席代表不能由非本单位人员代理。

③根据协商需要，双方首席代表可以书面委托本单位以外的专业人员作为本方的协商代表，但是委托人数不能超过本方代表的1/3。

（2）协商代表的职责、权利和义务。

①职责。

A. 参加集体协商；

B. 接受本方人员质询，及时向本方人员公布协商情况并征求意见；

C. 提供与集体协商有关的情况和资料；

D. 代表本方参加集体协商争议的处理；

E. 监督集体合同或专项集体合同的履行；

F. 法律、法规和规章规定的其他职责。

②权利。

A. 提出集体协商的要求及协商事项；

B. 要求对方提供与协商有关的信息和资料；

C. 对协商规则等程序性事项提出意见或建议；

D. 依法进行集体协商活动；

E. 代表各自主体方的利益订立，变更，解除或终止集体合同协议；

F. 接受首席代表委托，代签集体协商。

③义务。

A. 协商代表应当维护本单位正常的生产、工作秩序，不得采取威胁、收买、欺骗等行为；

B. 协商代表应当保守在集体协商过程中知悉的用人单位的商业秘密。

（3）协商代表的更换。

①工会可以更换职工一方协商代表；未建立工会的，经本单位半数以上职工同意可以更换职工一方协商代表。用人单位法定代表人可以更换用人单位一方协商代表。

②协商代表因更换、辞任或遇有不可抗力等情形造成空缺的，应在空缺之日起 15 日内按照《集体合同规定》产生新的代表。

（4）对职工协商代表的保护。

由于职工协商代表依照法律程序产生，依法履行职责，因此，职工协商代表依法进行的一切活动都受法律保护。在劳动关系的双方中，职工一方与用人单位一方相比，处于弱势地位。职工协商代表往往又同时是用人单位的员工，要与用人单位签订劳动合同，由用人单位支付劳动报酬等，在生产活动中接受用人单位的安排和管理。当他们担任职工协商代表以后，与用人单位在平等协商过程中，因为职工的利益而与用人单位进行据理力争，往往会成为用人单位打击的对象。因此，对职工协商代表必须给以适当的保护，这也是对广大职工利益的保护。

职工协商代表依法享有以下保护：

①《集体合同规定》第二十七条规定：企业内部的协商代表参加集体协商视为提供了正常劳动。

②职工一方协商代表在其履行协商代表职责期间劳动合同期满的，劳动合同期限自动延长至完成履行协商代表职责之时。

③职工一方协商代表履行协商代表职责期间，用人单位无正当理由不得调整其工作岗位。

④如果用人单位认为职工协商代表参加集体协商没有提供正常劳动，或者职工一方协商代表在履行协商代表职责期间劳动合同期满，但是用人单位不延长职工协商代表的劳动合同期限至完成履行协商代表职责之时，或者无正当理由调整职工协商代表的工作岗位。当双方发生争议时，可以依据《集体合同规定》第二十九条，向当地劳动争议仲裁委员会申请仲裁。

除此以外，职工协商代表应加强自我保护意识。要学会在履行其职责时，更多地依靠工会组织和协商代表群体的力量，尽可能采取有理、有据、有节的方式进行协商，避免因正常协商程序而造成的矛盾；在合法权益受到侵害和受到不公正待遇时，要敢于依法维护自身的合法权益。

上级工会在职工协商代表受到不公正待遇时，要积极主动地为他们说话办事，维护他们的合法权益。当职工协商代表在履行代表职责期间与用人单位发生争议的，特别是法律规定的保护内容用人单位不执行时，应当支持协商代表通过向当地劳动争议仲裁委员会申请仲裁的方式依法解决。上级工会必须旗帜鲜明地予以支持，必要时提供法律援助。

2. 平等协商的内容

《集体合同规定》第 2 章第 8 条规定平等协商的内容为：

（1）劳动报酬；

（2）工作时间；

（3）休息休假；

（4）劳动安全与卫生；

（5）补充保险和福利；

（6）女职工和未成年工特殊保护；

（7）职业技能培训；

（8）劳动合同管理；

（9）奖惩；

（10）裁员；

（11）集体合同期限；

（12）变更、解除集体合同的程序；

（13）履行集体合同发生争议时的协商处理办法；

（14）违反集体合同的责任；

（15）双方认为应当协商的其他内容。

3. 平等协商的程序

《集体合同规定》第三十二条规定：集体协商任何一方均可就签订集体合同或专项集体合同以及相关事宜，以书面形式向对方提出进行集体协商的要求。一方提出进行集体协商要求的，另一方应当在收到集体协商要求之日起 20 日内以书面形式给予回应，无正当理由不得拒绝进行集体协商。

（1）平等协商的准备。

《集体合同规定》第三十三条规定：协商代表在协商前应进行下列准备工作：

①熟悉与集体协商内容有关的法律、法规、规章和制度；

②了解与集体协商内容有关的情况和资料，收集用人单位和职工对协商意向所持的意见；

用人单位内部的信息、资料：用人单位近期生产经营和财务状况；用人单位近年来劳动标准和劳动条件情况；用人单位人工成本所占的比例；用人单位规章制度等。用人单位外部的信息、资料、国家现行的法律、法规（主要涉及劳动标准和劳动条件关键性法规）；政府所发布的有关物价指数、工资指导线、最低工资标准、最低生活保障标准等；了解本地区劳动力市场状况（供求关系）等；搜集同行业或同类企业的劳动标准。

③拟定集体协商议题，集体协商议题可由提出协商一方起草，也可由双方指派代表共同起草；

④确定集体协商的时间、地点等事项；

⑤共同确定一名非协商代表担任集体协商记录员。

（2）平等协商的进行。

《集体合同规定》第三十四条规定：集体协商会议由双方首席代表轮流主持，并按下列程序进行：

①宣布议程和会议纪律；

②一方首席代表提出协商的具体内容和要求，另一方首席代表就对方的要求作出回应；

③协商双方就商谈事项发表各自意见，开展充分讨论；

④双方首席代表归纳意见。

（3）平等协商的结果。

达成一致的，应当形成集体合同草案或专项集体合同草案，由双方首席代表签字。未达成一致意见或出现事先未预料的问题时，经双方协商，可以中止协商。中止期限及下次协商时间、地点、内容由双方商定。

二、集体合同

1. 集体合同的内容、格式、种类和效力

（1）集体合同的内容。

指在集体合同中所规定的双方主体行为的权利与义务的基本标准。

①总则部分——即：集体合同的开头部分。如企业的发展方向、经营方针等。

②有关劳动条件和劳动标准方面的条款。

是集体合同的核心内容。包括劳动报酬、工作时间、休息休假等。它制约着个人劳动合同。

③有关集体合同本身的一般性条款。

包括集体合同的有效期限、变更和解除的条件等。

④双方约定的条款。

双方当事人认为应当包括的内容都可以进行协商约定。如劳动就业保障、职工民主管理等。

（2）集体合同的格式。

分条文式和表格式两种，一般采用条文格式，具体包括4个部分（名称、序言、正文、附则）。

（3）集体合同的种类。

当今世界各国对集体合同的分类是有所不同的，从世界各国的实践来看：集体合同的划分一般是按照主体层次、内容繁简、形式和地域范围来划分的。

①按主体层次划分：（企业、行业、产业、区域）集体合同。

②按内容繁简划分：（A 单项性集体合同；B 综合性集体合同）。

A. 单项性集体合同（又称为专项性集体合同），是指用人单位与本单位职工根据法律、法规和规章的规定，就集体协商的某项内容签订的专项书面协议。这也就是说：专项集体合同的内容只包括劳动标准中的某一项内容。

B. 综合性集体合同，这种集体合同的内容是综合性的，它包括劳动标准的所有内容。

③按形式划分：（A. 要式集体合同；B. 非要式集体合同）。

A. 要式集体合同：指按照法律规定以书面形式缔结的集体合同。现在世界各国的集体合同一般为要式集体合同，我国也是如此。

B. 非要式集体合同：指不按照法律规定的形式签订的集体合同。

④按适用地域范围划分：（A. 总体性集体合同；B. 局部性集体合同）。

（4）集体合同的效力。

通常是指集体合同对何人、何地以及在何时具有法律效力。可分为：①时间效力、②空间效力、③人员效力。

①时间效力是指集体合同何时生效与终止。从世界各国的实践来看：集体合同的时间效力一般分为定期和不定期两种，一般以定期为多。

A. 定期集体合同，期限短则为 1 年，长则为 3 ~ 5 年，合同期限届满，效力即行终止。根据我国《集体合同规定》38 条：我国集体合同期限为 1 ~ 3 年。

B. 不定期集体合同的生效与终止期，以及应当履行的程序，由双方自行确定。

②空间效力是指集体合同适用于何地。集体合同的空间效力范围涉及地域、产业、企业等各个层次范围。

③人员效力是指集体合同适用于何人。

A. 在国际劳工组织制定的《集体协议建议书》中规定："集体协议一经签订，对签字各方以及协议所代表的人员都有约束力。"

B.《劳动法》35 条："依法签订的集体合同对企业和企业全体职工都具有约束力。"

2. 集体合同的签订、变更、解除、终止及争议处理

（1）签订程序。

①起草：应依据国家有关法律法规起草，作为一种法律文书，集体合同的起草可以由工会起草，可以由企业起草，也可以由工会和企业共同派人起草。

②协商：在签订集体合同之前，对集体合同的内容进行集体协商，这是签订集体合同的必经程序。

③审议：经过集体协商，形成了集体合同草案之后，应当将集体合同草案文本，提交到职工代表大会或全体职工审议通过。

这一规定在《劳动法》第 33 条、《集体合同规定》第 36 条等法律、法规的条文中都有明确规定。这说明：审议集体合同草案是签订集体合同的必经法定程

序，而讨论通过集体合同草案是法律赋予职工代表大会的职权。目前，有的用人单位，以职工代表团组长联席会或其它小范围的协商会来代替职代会行使讨论通过集体合同草案的职权，这是有违国家有关法律、法规的规定的。因为，集体合同涉及全体职工的切身利益，所以，集体合同草案必须经过职工代表大会或全体职工讨论通过。

④签字：集体合同草案在职工代表大会或全体职工讨论通过后，由双方首席代表签字。

⑤登记：集体合同签字以后，在 10 天以内，由用人单位将集体合同文本一式三份，报送当地劳动行政部门登记，劳动行政部门自收到集体合同文本之日起 15 天内，没有提出异议的，集体合同自行生效。用人单位工会则要将集体合同文本附件及说明报送上一级工会。

⑥公布：集体合同生效之后，应当自其生效之日起，由协商代表，以适当形式（如：张贴海报、向职工个人发放集体合同文本复印件等），向本方人员公布。

（2）集体合同的变更和解除。

①变更和解除的概念。

A. 集体合同的变更是指在集体合同有效期间，因订立集体合同所依据的客观情况发生变化，当事人经双方协商同意，对原订合同的部分条款作出相应的修改、补充和废止的法律行为。

B. 集体合同的解除是指在集体合同没有履行完之前，因订立集体合同所依据的主客观情况发生变化，致使合同的履行成为不可能或不必要，当事人依法提前终止合同效力的行为。

②变更和解除的条件。

用人单位因被兼并、解散、破产等原因，致使集体合同无法履行；因不可抗力等原因致使集体合同无法履行或部分无法履行；集体合同约定的变更或解除条件出现。

③变更和解除的程序。

适用于平等协商程序，应该经过先行提议；双方协商；提交审议；报送备案；协议生效。

④变更和解除的法律后果。

指当事人因变更和解除集体合同应当承担的责任。

(3) 集体合同的终止。

指集体合同期满或双方约定的解除、终止条件出现时，集体合同即行终止。

(4) 集体合同争议处理。

又称集体合同纠纷，是指集体合同当事人因订立和履行集体合同而发生是争议，是劳动争议的一种特殊形式。

①争议类型。

A. 因签订集体合同发生的争议；

B. 因履行集体合同发生的争议。

②处理方法。

由于这两类集体合同争议的性质不同，所以处理的方法也不同。

A. 因签订集体合同发生的争议（采用的是协调处理机制）。

a. 首先由双方当事人协商解决；

b. 协商不成时，由当地人民政府劳动保障行政部门组织有关各方协调解决；

c. 劳动行政部门收到要求协调处理的申请后，在7天之内作出是否受理的书面决定，如不受理，则应当在书面决定中说明不受理的原因；

d. 如果劳动行政部门受理的话，则应当在30天以内结案；

e. 集体劳动争议比较复杂，需要延期处理的，延期时间最长不能超过15天；

f. 争议处理完以后，劳动行政部门应当制作《协调处理协议书》，应写明协调处理申请、争议的事实和协调结果；

g. 双方首席代表和协调处理的负责人共同签字盖章后生效；

h.《协调处理协议书》下达后双方必须执行。

B. 因履行集体合同发生的争议（适用劳动争议处理程序）。

a. 因履行集体合同发生争议，当事人经协商解决不成的，可以向劳动争议仲裁机构提请仲裁；

b. 对仲裁裁决不服的，可以自收到集体劳动争议仲裁裁决书之日起15天以内，向人民法院提起诉讼。

c. 因履行集体合同发生的争议不能由企业劳动争议调解委员会调解。

3. 违反集体合同的责任

（1）概念。

指集体合同当事人由于自己的过错，造成集体合同不能履行或者不能完全履行，依照法律和集体合同规定，必须依法承担法律责任。

（2）承担违约责任的条件。

①当事人必须有违约行为。

违约行为是当事人承担违约责任的客观依据有两种表现形式：

A. 完全不履行行为。

即根本不按照集体合同的约定，履行任何规定的义务。

B. 不完全履行行为。

指没有全面履行集体合同规定的义务或没有按照集体合同规定的标准条件、履行方式、时间要求履行合同规定的义务。

②当事人要有违约过错。

指只有当违约者主观上有过错，才承担违约责任。有两种表现形式：

A. 故意。

指当事人明知自己的行为会造成违约后果，但是却期望和放任这种违约结果发生。

B. 过失。

指当事人应该预见自己的行为会发生违约后果，但是因为疏忽大意没有预见，由于轻信这种后果不会发生而引起违约结果。

集体合同签订生效后，一方或双方无论是故意或过失，造成集体合同不能履行或不能完全履行，都要承担相应的违约责任。

（3）承担违约责任的形式。

①支付违约金；②经济赔偿；③继续履行合同；④单方宣布解除合同；⑤行政纪律处分；⑥道义与政治责任；⑦刑事责任。

4. 集体合同的监督检查

（1）概念：

指政府劳动行政部门、企业、企业工会、职工群众以及上级工会等有关方面对已经生效的集体合同进行检查，督促其全面履行的行为。

（2）意义：

集体合同的监督检查是保证集体合同全面履行的重要措施，其意义在于以下五个方面：

①由于集体合同的履行需要通过用人单位、用人单位工会和全体职工的共同行为来实现，所以，加强对集体合同的监督检查，有利于增强各义务主体的主动性和自觉性。

②由于集体合同的内容非常广泛，它涉及劳动关系的各个方面，集体合同的履行贯穿于生产经营管理的全过程，所以，加强对集体合同的监督检查，有利于及时发现问题、解决问题。

③由于在激烈的市场竞争中，企业的外部环境和生产经营状况时常发生变化。因此，加强对集体合同的监督检查，有利于双方互通信息，便于对集体合同进行变更或修订，使集体合同制度成为协调劳动关系的有效机制。

④由于集体合同涉及职工合法权益的方方面面，能否切实履行集体合同，直接关系到用人单位劳动关系的和谐与稳定。因此，加强对集体合同的监督检查，有利于促进企业劳动关系的和谐和稳定。

⑤有利于预防集体劳动争议的发生。

（3）形式：

集体合同签订以后，能否有效地履行，很关键的一点就是要采取多种形式，对集体合同加强监督检查。由于集体合同监督检查的主体不同，所以，在实践中呈现多种形式：

①由企业工会与企业通过集体协商，建立集体合同履行的联合监督检查小组，对集体合同的履行情况进行监督检查。

②由企业工会定期组织有关人员，对集体合同的履行情况进行监督检查，并且定期向职工代表大会或全体职工通报集体合同的履行情况。

③由企业组织生产经营管理人员，对集体合同的履行情况进行监督检查，并且负责将履行情况以及不能履行义务的原因及时向企业领导报告。

④政府劳动行政部门对集体合同进行监督检查。

⑤上级工会对集体合同进行监督检查。

除上述列举的几种形式外，劳动关系双方还可从本单位的实际出发，创造性地探索和运用其它灵活有效的监督检查方式。

（4）工会对集体合同的监督检查。

工会对集体合同的监督检查，是工会劳动法律监督的重要组成部分。全总1995年8月17日通过的《工会劳动法律监督试行办法》规定了工会在监督集体合同履行方面的原则、权利等内容。

①工会监督检查的原则。

与工会劳动法律监督工作一样，工会对集体合同履行情况进行监督检查，应该遵循以下原则：

A. 遵循依法，依集体合同规定的原则；

B. 实事求是原则；

C. 依靠群众原则；

D. 与有关部门密切合作原则。

②工会监督检查的权利。

工会对集体合同的监督检查，是工会依法享有的基本劳动法律监督权利之一，工会对集体合同监督检查时，依法享有的权利有：

A. 对用人单位履行集体合同情况进行监督；B. 参与调查处理；C. 提出意见要求改正；D. 要求劳动监察部门处理；E. 提起仲裁、诉讼。

第三节 工资集体协商

一、工资集体协商概述

1. 工资集体协商的意义与作用

工资集体协商，又称 工资集体谈判，是劳资双方依法平等协商决定工资分配制度、形式、水平等内容的基本方式。

（1）建立工资集体协商制度是《劳动法》《劳动合同法》等法律赋予工会维护职工合法权益的重要机制；

（2）是集体合同制度的重要组成部分和核心内容；

（3）是国际惯例；

（4）建立工资集体协商有利于建立稳定和谐劳动关系；有利于维护企业和职工合法权益；有利于形成真正的企业利益共同体；有利于强化经营者的民主意识和促进工会民主参与。

在今天构建和谐社会、全面建设小康社会的背景下，加大收入分配调节力度，重视解决部分社会成员收入差距过分扩大问题是完善社会主义市场经济体制的重要内容，是建立新型劳资关系、实现劳资双赢的需要，也是广大工薪阶层的劳动者共享改革发展的成果的现实体现。

2. 工资集体协商的法律依据

（1）法律依据。

①《劳动法》。

第8条：从总则的高度规定劳资双方可依法进行平等协商；第33、34、35条规定协商事项、主体和基本要求；第46－51条，从分配原则、自主权、最低工资保障、确定低标依据、支付形式和特殊情况下的工资支付等六个方面专门对工资分配问题做出原则规定。

②《劳动合同法》。

该法约有1/3的条款涉及劳动报酬和工资分配问题，并第一次从法律高度明确规定要订立工资调整机制专项集体合同。

制订有关劳动报酬的规章制度（第4条）；建立集体协商机制（第6条）；订立工资调整机制专项集体合同（第52条）；要求在劳动合同中明确约定劳动报酬（第17、18条）；强调实行同工同酬和正常调整机制（第11、18条）；强调及时足额支付劳动报酬。

此外，还对试用期、服务期的工资、加班工资、小时工资，特殊情况下的工资支付以及劳务工的工资等做出了规定。

（2）主要政策依据。

①《关于工资总额组成的规定》（国家统计局1990年发）；

②《关于工资总额组成的规定》若干具体范围解释（同上）；

③《最低工资规定》（劳动保障部2004年第21号令）；

④《最低工资规定》（各省）；

⑤《工资集体协商试行办法》（劳动部2000年9号令）。

（3）参考依据。

企业通过工资集体协商决定工资分配，应当符合国家有关法律法规及宏观调控政策，并综合参考下列因素：

①本地区、本行业、本单位的人工成本水平；

②本地区、本行业的工资水平；

③当地政府发布的工资指导线、市场工资指导价位；

④本地区城镇居民消费价格指数；

⑤上年度本单位工资总额、工资水平、工资调整幅度；

⑥本单位劳动生产率和经济效益；

⑦其他与协商决定工资总额、工资水平、工资调整幅度相关的因素。

二、工资集体协商的内容及程序

1. 协商内容

根据《劳动合同法》和《工资集体协商试行办法》（劳动保障部2000年9号令）规定，工资集体协商的主要内容是：

（1）工资协议的期限；

（2）工资分配制度、标准和形式；

（3）职工年度平均工资水平及其调整幅度；

（4）奖金、津贴、补贴等分配办法；

（5）工资支付办法；

（6）变更、解除工资集体协议的程序等；

（7）工资协议的终止条件；

（8）工资协议的违约责任；

（9）双方认为应当协商约定的其他事项。

根据集体合同的特征及内容的规定性，开展工资集体协商时，我们须全面把握相关法律政策，并按照先易后难、突出重点、循序渐进的要求，进一步明确协商的重点是什么。

A. 工资标准：即在法定工作时间内提供正常劳动的不同岗位劳动者的起点工资。

B. 工资水平：本单位（行业）职工年度平均工资水平在本地区处于什么位置。

C. 工资增长：如何依据政府公布的工资指导线决定本企业（行业）工资增长幅度。

2. 工资集体协商的程序

第一，推选协商代表；

第二，发出要约；

第三，征求意见，形成初步方案；

第四，平等协商；

第五，签订工资专项集体合同；

第六，报送劳动部门审查备案；

第七，向全体人员公布。

三、工资集体协商的策略与技巧

1. 工资协商前的准备工作

（1）做好舆论宣传。

协商前做好宣传工作的作用和目的，一是可以使双方了解有关工资、福利等方面的政策规定；二是使职工了解增加工资、提高福利要兼顾企业和职工双方的利益，既要考虑眼前利益，又要考虑长远利益；既要考虑职工的利益，又要考虑企业的竞争力。兼顾双方利益的宣传为工资集体协商创造了良好的氛围。

（2）推选协商代表。

选好协商代表，是成功进行工资集体协商的组织保证。工资集体协商代表应依照法定程序产生。

协商代表应履行下列职责：

①参加集体协商；②接受本方人员质询，及时向本方人员公布协商情况并征

求意见；③提供与集体协商有关的情况和资料；④代表本方参加集体协商争议的处理；⑤监督集体合同或专项集体合同的履行；⑥法律、法规和规章规定的其他职责。

（3）做好资料搜集工作。

资料准备是否充分，直接关系到协商谈判工作成功与否。资料搜集要有针对性，越详细越好。搜集的资料包括外部资料和内部资料两部分。

外部资料主要包括：①当地工资指导线；②当地市场劳动力指导价位；③当地城镇居民消费品价格指数；④国内同一投资主体的企业职工年平均工资水平；⑤本地区或其他地区同行业企业工资水平及工资集体协商的有关情况；⑥本市（或国内）国有、集体、外商投资企业以及私营企业中相同行业的职工年平均工资水平和增（减）比例等。

内部资料主要包括：①产品品种和年生产总值；②年销售总额；③年度总成本及制造费用（包括主要原材料成本，管理费用成本，人工成本等）；④中方职工工资总额及人均（年或月）工资水平；⑤中方职工（年或月）平均人数；⑥中方职工年龄结构、文化结构、职务结构；⑦当年新聘用职工、临时工、借调人员、退休返聘人员的比例及其工资总额；⑧职工加班（点）工资总额和病、事、产、探亲假的扣减工资额；⑨出口产品比例汇兑损益；⑩利税总额及其增长情况等。

资料搜集完毕，注意做好资料的分析和整理工作，去伪存真，去粗取精，做一些图表和计算，以保证协商资料准确无误。

（4）了解职工对工资调整的要求。

工资集体协商是工会代表职工而不是代替职工同经营者进行协商，因此，必须了解职工的意愿和要求。工会可通过召开座谈会、单独交谈等方式了解职工的意见和要求，同时，也要向职工介绍有关政策和企业生产经营情况，使职工对工资调整的要求趋向合理。

（5）拟定工资集体协商方案。

根据搜集的资料和职工的要求，拟订出工资集体协商方案，包括对企业行政的反应作出预测，并拟订应对措施等。

在拟订企业工资集体协商计划或方案时，制定目标非常重要，一般制定目标，要分为三个层次：①希望达到的目标，是谈判者想获得的最高利益；②必须达成的目标，也就是协商的底线；③灵活机动的目标，在必要时可以放弃。把目标分为主次，使目标有了弹性，增加了协商的回旋余地。

2. 工会在工资集体协商过程中应把握的原则

要把握好四个原则：

一是控制原则：在集体协商过程中，工会或职工代表要善于控制协商进程，始终把握协商重点和预期目标，想方设法使协商谈判逐渐靠近自己的目标。

二是协调原则：在工资集体协商过程中，工会或职工协商代表必须明确每名代表应该做什么，以及选择什么时机发表关键性意见，协调双方立场。

三是听取原则：在集体协商过程中，工会和职工代表必须认真聆听和理解对方观点的内容和实质，以便捕捉所需的信息。

四是双赢原则。在集体协商过程中，既要考虑职工的利益，也要兼顾企业方面的利益，使双方共同受益。

3. 工资集体协商的策略与技巧

在社会生活中，人与人之间，机构与机构之间经常有些事需要商量。大到企业之间的兼并，小到买一张车票，都需要与人协商。人们通常把这种协商叫做“打交道”。

社会协商看起来没有“大是大非”，不过它却普遍涉及。也正因为它看起来小，也就容易让某些人扯皮、推托甚至无理耍赖。因此，我们也应该研究如何合情合理地在社会协商中取得成功。协商成功的方法有以下几种：

（1）重点切入策略。

工会在工资协商中应抓住重点，慎重地选择协商的切入点。工会在工资协商中，可以从不同角度对工资的增长幅度进行测算，在此基础上准备几种方案。并从中选择理由最充分、最有说服力，对谈判最有利的方案作为工资协商的切入点，争取满意的结果。

（2）留有余地策略。

留有余地策略实际是给谈判双方都留下回旋余地。对职工方来说，留有余地一是体现在职工方的增资建议书里，二是体现在整个协商过程中。如果是职工方提出年度工资增长建议，建议中的增资比例一定要留有余地，给协商留有一定的空间。

（3）休会策略。

在集体协商过程中，若双方协商陷入僵局时，应及时建议休会，以便各自做出对策选择。

（4）迂回策略。

协商实际就是一种谈判，既然是谈判就不可能每个问题的看法都一致，往往会出现双方目标差距较大，争论不下，谁都不肯让步使协商难以继续的局面，也就是所谓的“僵局”。为避免出现僵局，要及时启动替代方案，来达到相同的目的，这就是迂回策略。

（5）借用第三方策略。

有些难以解决的问题请示政府劳动部门或上级工会，让劳动部门和上级工会帮助讲话，促成问题的解决。

（6）让步策略。

工资集体协商实践中，让步是使协商能够继续进行并取得协商成功的常用策略。让步涉及众多因素，包括采用什么方式让步，什么时候让步，怎么让步等，都需要进行缜密考虑。让步的原则和策略主要有以下几个方面：

①一次让步的幅度不易过大，让步的节奏也不宜太快，最好是“步步为营”。因为让步太大，会使对方觉得你这一举动是处在软弱地位的表现，会建立起对方的信心和提高其期望水平，并使对方在以后的谈判中掌握主动。

②不要作无谓的让步，每次让步都应当是为了换取对方在某些问题上的相应让步或优惠条件，体现出对己方有利的宗旨。

③让步要让在刀口上。要让得恰到好处，以己方较小的让步给对方以较大的满足，从而求得较大的回报。

④让步的时间选择要恰当。让步的时间根据具体情况可以挪前或延后，掌握好火候，以满足对方的某些要求，使对方感到己方的让步是来不易的，促使协商的成功。

⑤提供充分理由帮助对方做出让步。在工资协商中，企业行政做出工资方面的让步既要承担经济利益上的压力，又要承担谈判无能、自尊受损的压力，需要我们在协商中提供充分的理由，说明他的让步是明智的选择，是有利于企业发展的。

⑥双方的让步要同步进行。即以一方让步的许诺谋求对方也做出对等的让步。要掌握好进退的尺度：一般认为，涉及全体员工整体利益的问题必须坚持，涉及少数人利益的问题可以暂时让步；涉及员工工资收入增长幅度的问题要全力争取，涉及员工一般性福利待遇的问题可暂时放弃。

4. 工会在协商过程中应注意的问题

（1）要避免受到对方心理战术的影响。

一是应警惕对方代表采用温和态度的并避免其消极影响。

二是要防止因对方代表持强硬态度，对我方代表施加压力而降低协商要求的现象。

（2）要及时同职工或职工代表沟通。

协商谈判的进展情况，取得职工群众的支持和理解。

（3）要整理好协商结果。

每次协商会议结束后，协商记录都要双方参加协商的代表或首席代表签字，然后委派一个人整理协商结果。协商结果的整理力求条款式，语言要简明。协商结果整理完后，双方所有的协商代表都要在协商结果上签字。

（4）拓宽谈判思路。

谈判工资增加的思路很多，我们不要仅仅局限在“职工工资随着企业经济效益增长而增长”的一个框框里，物价指数的升高、同类企业的工资对比等都可以作为要求增加工资的理由。

（5）接受上级工会和政府部门的支持和帮助。

基层工会进行工资集体协商前后，要主动向上级工会汇报有关情况，争取上级工会的指导和帮助。

（6）重视机制建设。

工会要通过开展工资集体协商，建立起企业工资集体协商制度，使之制度化、经常化、规范化，避免因工会主席换人工资集体协商工作就停滞不前的现象。

四、工资增幅测算的基本方法

由于影响工资集体协商的因素较多，而且经常处于变动之中，工会在每年进行工资集体协商前，必须根据本企业实际生产情况，选择不同的角度，根据现有的资料，采取多种形式的工资测算方法，对工资集体谈判的内容进行测算、比较，从不同的角度选择谈判依据、确定谈判目标，制定详细的工资集体谈判计划，确保集体谈判工作的顺利进行。下面介绍常用的十种工资增幅的测算方法，我们可根据企业的实际情况，灵活运用，甚至联合使用，以期达到最佳效果。

1. 劳动分配率法

劳动分配率是指在一定时期内企业人工成本总额占同期工业增加值总额的比率。对于一个企业来讲，在生产经营比较稳定的情况下，其劳动分配率应相对稳定，职工工资总额与人工成本总额之比也基本稳定。为了简化计算，一般把上年或企业生产经营比较稳定的年份作为基期，按照企业新增工业增加值的多少和基期劳动分配率指标，确定当期工资集体谈判增资目标。

这种工资测算方式适用于企业利润增幅不大但产品产量、销售收入等有所增长的企业。

2. 劳动效率法

企业劳动生产率的提高，部分原因是由于职工劳动效率的提高，劳动效率法就是用一定的系数测算职工劳动效率的提高，从而测算职工工资合理增长数的方法。我们可以综合分析职工通过劳动对劳动生产率提高所作的贡献，来谈判确定职工工资水平（工资总额）增长的幅度。

有些两头在外的外商投资企业和部分私营企业，工会不容易掌握企业的真实产值、销售和利润数据，就可以采用这种办法对工资集体谈判目标进行测算。

3. 减亏增资法

在一些生产经营比较困难的企业，企业职工的工资长期不进行调整，严重影响职工的劳动积极性。为了调动大家的积极性，共同努力促进企业解困，必须在职工工资收入方面得以体现。即职工的工资随着企业实现减亏扭亏而增加。

这种方法主要适用于生产经营比较困难，但企业领导班子民主意识较强，能够与职工共渡难关、经过共同努力扭亏有望的单位。

4. 风险分担法

职工工资的增长来源于企业经济效益的提高，但由于市场因素变化较快，经营决策上存在一定的风险，可能会出现企业经营收入与增加值不同步（比如职工生产出来的产品由于市场变化滞销，工人创造的增加值在市场中得不到回报，企业收益下滑，利润下降）的情况，为降低风险，在进行工资集体谈判时要综合考虑企业人均销售收入增长率和人均工业增加值增长率等因素，合理确定工资调整额。

这种方法主要适用于市场变化较快、企业经营风险较大的单位。

5. 物价指数法

根据政府发布的城镇居民消费品价格指数进行工资调整，一般情况下，职工工资增长数必须高于城镇居民消费品价格指数。

这种方法主要适用于居民生活费用价格指数变化较大的年份，在企业生产经营比较稳定、具有调整支付职工工资能力的单位。

6. 工资指导线法

根据企业年度生产经营状况，参照政府当年发布的工资指导线的预警线、基准线、下限标准，提出本企业工资水平的调整目标。

7. 工资加劳动分红法

在股份制企业中，按劳分配与按生产要素分配的问题已成为股份制企业工资集体谈判的重要问题，一些企业经营者占大股，因而有意压低职工工资或降低人工成本中其他工资性支出，以扩大按资分配比例，损害职工利益。在股份制企业，新乡市总工会在工资集体协商中提出工资加劳动分红的分配办法：职工的工资坚持以按劳分配为主体，根据职工劳动生产率的提高不断提高职工基本工资水平；另外在企业税后利润分配中，根据各生产要素对企业利润贡献的大小，共同参与企业利润分配，专门拿出一定的比例（税后利润的5%～20%）用于劳动要素分红。

8. 工资水平比较法

将本企业平均工资水平与本地区、本行业工资水平比较来确定工资增幅的方法。对照的方法可以是本地区职工平均工资，也可以是本地区外商投资企业职工平均工资，条件相近某几个企业职工的平均工资，还可以是本地区（或全国）同行业（或同类企业）的平均工资。

9. 劳动力市场价位比较法

根据政府行政部门每年发布的企业、行业、工种等劳动力市场工资指导价位数据，与本企业经营状况和职工工资水平相比较确定职工工资协商目标。

10. 人工成本比较法

以本企业人工成本数据与政府部门每年发布的地方、行业人工成本数据进行比较，合理确定工资水平。

第七章

职工代表与机关、事业单位民主管理

机关、事业单位的民主管理主要是组织机关、事业单位干部，通过职工代表大会，审议通过涉及职工切身利益的重大事项，民主评议中层领导干部。加强机关、事业单位部门民主管理，有利于改进机关、事业单位领导干部的工作作风、加强机关、事业单位党风廉政建设。

第一节 机关单位民主管理

一、机关单位民主管理的组织机构

1. 机关职工代表大会

机关职工大会或职工代表大会，是机关职工对机关内部事务管理实行民主参与和民主监督的基本形式。

2. 机关部门民主管理小组

以机关部门为单位成立的民主管理小组，是机关民主管理的最小、最基本的单位。民主管理小组组长由各部门工会小组长兼任，成员为本部门全体工作人员。主要职责是：贯彻落实机关职工代表大会决议中涉及本部门的有关事宜；讨论本部门的工作计划、经济责任制方案，提出落实措施；讨论制定本部门的各项规章制度；听取本部门负责人的工作报告；民主选举职工代表；民主评选、推荐先进工作者。

3. 机关工会

机关工会是机关职工代表大会的工作机构，负责机关职工代表大会的日常工作。其职责主要有：组织选举职工代表；征集提案；负责机关职工代表大会的组织筹备工作；指导民主管理小组活动；做好日常管理的其他工作。

4. 机关工会会员大会

机关工会会员大会与机关职工代表大会是性质不同的两个会。会员代表大会是会员代表在工会组织中行使民主权力的机构，而职代会是职工代表行使民主权利的机构。由于机关职工代表大会与会员代表大会在成员上大部分重合，为提高开会效率，一些机关的做法主要有以下几种：

一体型：即将职工代表大会与会员代表大会完全重合，混为一体。

分立型：两个会议，两套机构，职责分明。

结合型：一个会议，两项内容，一个代表，两个身份，职代会主席团基本上就是工会委员会。

二、机关职工代表大会的职权

机关职工代表大会的职权有以下几项：

（1）组织发动机关职工围绕经营管理、深化改革及加强机关思想作风建设、提高办事效率等方面，积极参政议政，提出提案或建议。

（2）审议通过机关经济责任制实施办法、工资调整方案、奖金分配方案、奖惩办法及其他重要的规章制度。

（3）审议决定机关职工福利基金的使用方案、机关职工住宅出售办法和其他有关涉及职工生活福利的重大事项。

（4）对机关部门负责人进行民主评议监督。

三、机关职工代表

机关工作人员一般干部占多数。所以在机关职工代表中，管理、技术人员和工人所占比例不得少于70%，部门以上负责人所占比例不得大于30%，青年职工和女职工应占适当比例。机关职工代表的权利、义务同企业职工代表的权利、义务相同，可参照第二章第二节有关内容。

四、机关职工代表大会组织制度

机关职工代表大会每年至少召开一次。每次会议必须有三分之二以上的代表参加。基层单位机关职工在50人以下的，原则上实行职工大会制度。

职工代表大会（职工大会）进行选举和作出决议，必须经应到会正式代表半数以上通过方为有效。机关职工代表每届选举主席团主持会议。主席团成员由工会与代表团（组）协商提出候选人名单，经代表酝酿讨论后在预备会上选举产生。主席团成员中管理、技术人员和工人代表应超过半数。

机关民主管理经费由行政列支。

第二节 事业单位民主管理

贯彻党的十八届四中全会精神，加强基层民主和政治文明建设，事业单位要进一步加强职工代表大会为基本形式的民主管理制度。这些单位知识分子较为集中，文化层次比较高，民主意识和参与管理的意识较高，加强这些单位的民主管理尤其显得重要。

一、教职工代表大会的性质、任务和职权

1. 教职工代表大会的性质

教职工代表大会是我国学校民主管理的基本形式，是职工行使民主管理权力的机构。教职工代表大会的这一性质，是由教职工的主人翁地位和教职工代表大会具有代表性、群众性、法律赋予的权威性所决定的。

我国的《教育法》规定："学校及其他教育机构应当依照国家有关法律规定，通过以老教师为主体的教职工代表大会等组织形式，保障教职工参与民主管理与民主监督。"我国的《教师法》中明确规定了教师具有"对学校教育教学、管理工作和教育行政部门的工作提出意见和建议，通过教职工代表大会或者其他形式，参与学校的民主管理"的权利。此外，我国的《高等教育法》同样明确规定："高等学校通过以教师为主体的教职工代表大会等组织形式，依法保障教职工参与民主管理和监督。维护教职工合法权益。"以上法律规定，为我国教育单位实行以教职工代表大会为基本形式的职工民主管理提供了充分的法律规范与法律保障，也确定了我国各级教育工会应当将教职工代表大会制度的建设与完善，作为主要的工作内容之一。

2. 教职工代表大会的任务

教职工代表大会的任务是：保障教职工行使民主权利和在学校中的主人翁地

位，维护国家、学校和教职工的利益，充分发挥广大教职工群众的积极性，智慧和创造力，办好社会主义学校。具体来讲：

（1）正确处理国家、学校、教职工个人三者利益关系，调动广大教职工的积极性。

（2）认真执行党的路线、方针、政策和国家的法律、法规，协调学校内部矛盾，支持和监督学校的行政工作。

（3）团结和动员广大教职工发扬主人翁精神，保证完成学校的各项教育教学任务，努力培育德、智、体全面发展的社会主义“四有”新人，把学校尤其是高校办成人才培养的重要基地。

3. 教职工代表大会的职权

根据《学校教职工代表大会规定》规定，教职工代表大会依法行使下列职权：

（1）听取校长的工作报告，讨论学校的办学方针、发展规划、学年工作计划、改革方案、财务预决算、教职工队伍建设和其他教育教学及管理工作的重大问题，提出意见和建议。

（2）讨论和通过由校长提出的岗位责任制方案、教师职业道德规范、工资调整实施计划、教职工奖惩办法及其他与教职工有关的基本规章制度，由校长颁布施行。

（3）审议和决定教职工住房制度改革方案、教职工集体福利基金使用方案和其他有关教职工集体福利的重大事项。

（4）监督学校各级领导干部，建立定期评议干部的制度，根据其任职期间的业绩进行表扬或批评，并可以向上级主管部门提出奖惩、任免的建议。

《学校教职工代表大会规定》还规定，校长要定期向教职工代表大会报告工作，听取意见认真对待教职工代表大会的有关决议和提案，尊重和支持教职工代表大会行使民主管理的职权。教职工代表大会要尊重和支持校长行使指挥权，教育教职工严格遵守各项规章制度，以主人翁责任感努力完成各项工作任务。

二、教职工代表大会的组织机构及工作制度

1. 教职工代表大会工作制度

学校一般每学年召开一次会议。如果不能如期召开，应向全体教职工代表说明情况，取得多数代表的同意。每次会议必须有2/3以上的代表出席。遇有重要问题，经1/3以上代表同意，可以临时召开。大会表决和选举必须有全体代表过半数以上通过方为有效，闭会期间需处理的紧急问题，可召开教职工代表团（组）长和各专门工作小组（或委员会，下同）负责人联席会议，协商处理，处理的结果向下一次教职工代表大会报告予以确认。学校工会委员会承担教职工代表大会工作机构的任务，负责组织日常的民主管理工作。

2. 教职工代表团（组）

教职工代表团（组），是由民主选举产生的教职工代表大会代表按部门或系统为单位组成的代表机构。由教职工代表民主推选团（组）长1人，副团（组）长2人，负责团（组）的工作。其主要任务是：

（1）教职工代表大会会议召开前，负责收集教职工群众的意见和建议并及时向大会筹备委员会或校工会转送提案；

（2）会议期间，组织本团（组）教职工代表认真审议大会的各项方案，积极反映广大教职工对学校重大决策的意见和建议，完成大会主席团交办的其他工作；

（3）闭会期间，组织代表传达贯彻大会精神和大会的决议、决定，带领教职工以实际行动贯彻执行教职工代表大会的决议，检查督促教职工代表提案的落实；

（4）参加校工会委员会召开的联席会议，协商处理教职工代表大会闭会期间需要临时处理的重要问题。

3. 教职工代表大会主席团

根据《学校教职工代表大会规定》第十二条规定："召开教职工代表大会时，选举大会主席团主持会议。主席团成员应由学校各方面人员组成。其中包括党政工团主要领导干部，教师应占多数。"大会主席团成员要在当选的教职工代

表中提名，经充分酝酿后，在教职工代表大会预备会上选举产生或通过。主席团人数不宜过多，一般以9～17人为宜。一线的教职工代表应超过50%。人数较少的中小学可以不成立主席团，由工会主席和教职工代表团（组）长若干人轮流主持会议。

4. 教职工代表大会主席团的主要职责

（1）主持开好教职工代表大会，领导大会期间的各项活动；

（2）听取和综合各代表团（组）对各项议题审议的意见；

（3）研究大会议题中要通过和决定的事项；

（4）草拟大会决议；

（5）主持选举工作；

（6）处理大会期间发生的问题。

5. 教职工代表大会专门工作小组（委员会，下同）

教职工代表大会专门工作小组是教职工代表大会根据工作需要设立的专门工作机构。各专门工作小组在教职工代表大会领导下进行工作，对教职工代表大会负责。教职工代表大会单传期间由工会委员会组织其开展各项工作，一般每月活动一次。其职责是：

（1）对教职工代表大会需要讨论的问题进行调查研究，向教职工代表大会提出建议或议案；

（2）收集核实提案；

（3）检查督促教职工代表大会决议、决定的贯彻落实情况和提案的处理情况；

（4）受理教职工的申诉；

（5）向教职工代表大会报告工作；

（6）办理教职工代表大会交办的其他事项。

专门工作小组的设置，要根据教职工代表大会的职权和各校的实际情况而定，不宜搞统一的模式。常设的工作小组一般有：教书育人小组、规章制度小组、生活福利小组、评议监督干部小组等。非职工代表的部门负责人，可邀请参加小组工作，但不能担任组长或副组长。

6. 教职工代表

（1）教职工代表的产生和更换。

教职工代表大会的代表，在中小学以教研室或年级组为单位，高等学校以院系、处、厂为选区，以组为单位，由教职工直接选举产生，凡是享有公民权的教职工均有选举权和被选举权。代表的构成既要照顾到学校各方面人员，又要充分体现学校以教学为主。其中教师代表一般应占60%左右。

选举教职工代表一般应由工会委员会事先拟定代表名额分配方案和选举办法，征求党组织意见后，由基层工会组织主持选举工作。代表候选人的名额应大于应选名额，以无记名投票方式进行选举。候选人获得选区全体教职工半数以上的选票时，方可当选为教职工代表。

教职工代表在调离原选举单位即丧失代表资格，原选举单位，可按规定程序补选。

学校党、政、工负责人，可通过教职工直接选举为教职工代表，未当选为代表的，可作为列席代表邀请参加大会。

教职工代表受原选举单位教职工的监督，如有严重违纪行为或触犯国家刑律者，可由原选举单位依照规定的程序罢免或撤换。

（2）教职工代表的主要职责。

教职工代表的职责：一是会前广泛收集教职工群众的意见和要求，并及时向大会反映；二是会议期间，积极参加各项活动，参加讨论并提出意见，代表教职工行使表决权和选举权；三是会后及时向本单位职工群众传达大会精神，督促行政落实大会提案；四是努力提高自身的政治、业务素质，提高参政议政的能力；五是组织教职工搞好本单位的民主管理。

（3）教职工代表的权利。

根据《学校教职工代表大会规定》的规定，教职工代表享有下列权利：

①在教职工代表大会上享有选举权、被选举权和表决权；

②在教职工代表大会上充分发表意见和建议；

③提出提案并对提案办理情况进行询问和监督；

④就学校工作向学校领导和学校有关机构反映教职工的意见和要求；

⑤因履行职责受到压制、阻挠或者打击报复时，向有关部门提出申诉和

控告。

（4）教职工代表的义务。

根据《学校教职工代表大会规定》的规定，教职工代表在享受相应权利的同时，应履行下列义务：

①努力学习并认真执行党的路线方针政策、国家的法律法规、党和国家关于教育改革发展的方针政策，不断提高思想政治素质和参与民主管理的能力；

②积极参加教职工代表大会的活动，认真宣传、贯彻教职工代表大会决议，完成教职工代表大会交给的任务；

③办事公正，为人正派，密切联系教职工群众，如实反映群众的意见和要求；

④及时向本部门教职工通报参加教职工代表大会活动和履行职责的情况，接受评议监督；

⑤自觉遵守学校的规章制度和职业道德，提高业务水平，做好本职工作。

三、科研院所职工代表大会的性质和任务

科研单位职工代表大会是职工行使民主管理权利的机构，是职工实行民主管理的基本形式。它的基本任务是：充分调动以科技人员为主体的广大职工的积极性、智慧和创造力，促进科技体制改革，促进社会主义物质文明、精神和政治文明建设；及时反映职工的意见和要求，维护职工合法权益，促进科研院所多出成果，多出人才，多出效益。科研单位职工代表大会必须坚持党的基本路线，贯彻党的方针、政策和国家的法律、法规，正确处理国家、科研单位、职工个人三者利益的关系，并在法律规定的范围内行使职权。

四、科研院所职工代表大会的组织制度

根据《职工代表大会条例》《中国科学院研究所职工代表大会试行条例》的规定，科研院所的职工代表大会实行民主集中制原则。职工代表大会的预备会议选举出主席团主持会议。主席团成员由科技人员、管理人员、工人和院所党政工团领导干部组成，其中科技人员应超过半数。职工代表大会每年至少召开一次会议，每次必须有2/3以上的职工代表出席。遇有重大问题经院所长、工会或1/3

以上职工代表提议，可召开临时会议。职工代表大会进行选举和作出决议，必须经全体职工代表过半数通过方为有效。职工代表大会应根据科研院所的中心工作和职工共同关心的问题，确定会议的议题，并将职工代表大会的工作情况定期向全体职工公布，接受全体职工的监督。此外，职工代表大会可根据需要，设立若干精干的经常性或临时性的专门委员会或工作小组，完成职工代表大会交办的有关事项，并对职工代表大会负责。

五、科研院所职工代表大会的职权

依据《职工代表大会条例》和全国总工会、国家科委《关于完善科研院所职工民主管理工作的若干意见》的规定，科研院所职工代表大会的主要职权有如下内容：

（1）听取院所长的工作报告，讨论审议科研院所发展方向和科学研究、技术开发、生产经营等重大决策和重要改革方案，以及自有资金分配和使用方案，并提出意见和建议；

（2）审议通过职工工资奖金分配方案、劳动保护措施、职工奖惩办法和其他涉及职工利益的重要规章制度；

（3）审议通过集体合同草案，并对集体合同的履行情况进行监督检查；

（4）审议决定职工福利基金的使用方案和其他有关职工生活福利的重大事项；

（5）与领导干部年度考核和任期责任目标审计相结合，评议、监督科研院所各级领导干部，提出奖惩和任免的建议；

（6）根据主管部门的决定，参与民主推荐或选举科研院所各级行政领导人员；

（7）其他法律或行政法规规定的须经职工代表大会讨论、审议或决定的事项。

职工代表大会接受同级党组织的思想政治领导，贯彻执行党和国家的方针政策，正确处理好国家、院所、职工三者利益关系，在法律规定的范围内行使职权。职工代表大会要宣传、动员全体职工积极支持和参与改革，努力完成科研、技术开发和生产经营目标，支持院所长依法行使职权，维护院所长统一领导行政业务工作的权威，并依法保障和维护职工的合法权益。

六、科研院所职工代表及其权利、义务

根据《职工代表大会条例》和《中国科学院研究所职工代表大会试行条例》的规定，凡依法享有政治权利的本单位职工（含合同制工人）均可当选为职工代表。所有代表以处室或班组为单位，由职工直接民主选举产生。职工代表大会人数一般为全体职工总数的10%左右。代表中应包括科技人员、管理人员、领导干部、工人和其他方面的职工，其中科技人员一般不少于60%。职工代表按业务、行政系统分别建立代表团（组），推选团（组）长。职工代表团（组）长负责组织和承担本单位的民主管理任务。职工代表由所在基层单位民主选举产生，实行常任制，任期四年，可以连选连任。职工代表对选举单位的职工负责，选举单位的职工有权监督和撤换本单位的职工代表。

科研单位职工代表依法享有的权利和应尽的责任，是对职工代表的基本要求，体现了我国科研技术人员和职工的主人翁地位。

1. 根据《中国科学院研究所职工代表大会试行条例》的规定，科研院所的职工代表享有以下权利

（1）在职工代表大会上，有选举权和被选举权；

（2）有权参加职工代表大会及其常设机构对各单位行政及其有关方面执行职工代表大会决议和提案落实情况的检查，有权参加对行政领导人的质询；

（3）因参加职工代表大会组织的各项活动而占用工作时间，有权按照正常出勤享受应得的待遇；

职工代表依法行使民主管理权利，任何组织和个人不得压制、阻挠和打击报复。否则，依照《工会法》等相关法律法规追究法律责任。

2. 科研院所的职工代表应履行的义务

（1）努力学习党和国家的方针、政策、法律、法规，不断提高政治觉悟、业务技术水平和参加管理的能力。

（2）密切联系群众，代表和维护职工的合法权益，如实反映职工的意见和要求，认真执行职工代表大会的决议，做好职工代表大会交给的各项工作。

（3）模范遵守国家的法律、法规和本单位的规章制度、劳动纪律，努力做

好本职工作。

七、科研院所职工代表履行职责的途径

职工代表的活动方式和履行职责的途径主要是通过参加职工代表大会和其他各项民主管理活动。

1. 参加职工代表大会活动

会前活动主要包括：一是熟悉材料，认真阅读院所长的工作报告和各项拟审议讨论的方案材料，了解和掌握大会中心议题；二是调查研究，围绕中心议题，广泛听取周围群众的意见与建议，并加以综合整理；三是反映意见，将综合整理好的意见与建议，以口头或书面的形式反映给所在职工代表团（组）；四是提出提案，在征集群众意见的基础上，提出职工代表的提案。

会中活动具体包括：一是根据会议通知要求，做好准备，按时参加职工代表大会的预备会议和正式会议；二是在预备会议上，认真听取并审议职工代表大会主席团名单、大会秘书长名单、代表资格审查委员会关于代表资格的审查报告（限换届大会）、大会议程和其他需要确认的事项；三是认真听取院所长或有关领导在职工代表大会上所作的工作报告、方案、说明等；四是做审议讨论发言的准备，有条件的要写出发言提纲；五是积极参加各项议案的讨论，在讨论会上，畅所欲言，充分发表意见；六是根据职工代表大会的议程，充分思考，认真行使表决权和选举权。参加选举画票时，如感到不方便，可以要求大会提供互相回避的条件。

会后活动具体包括：一是向所在单位职工群众汇报，宣传职工代表大会所通过的决议或作出的决定，对群众不清楚的问题做好解释工作；二是收集周围群众对职工代表大会通过的各项决议、决定的意见，向所在职工代表团（组）反映；三是以实际行动影响和带动职工群众贯彻落实职工代表大会的决议和决定。

2. 参加日常的民主管理活动

职工代表通过参加日常的民主管理活动来发挥作用的主要渠道有：一是根据职工代表大会通过的年度工作任务和目标，积极组织和带动周围群众踊跃参加社会主义劳动竞赛和合理化建议活动；二是及时反映科研和生产中出现的问题，对各种损害国家、单位和职工群众利益的现象提出批评，或向有关部门反映，督促

纠正和解决；三是参加职工代表团（组）组织的职工代表视察活动，积极发现和提出问题，对重要问题做好记录，与有关部门联系，进行协商解决；四是参加职工代表大会有关专门小组组织的民主质询、民主对话及其他活动；五是参加职工代表大会决议贯彻落实情况的检查监督工作；六是在二级单位和基层班组的民主管理中充分发挥骨干作用。

3. 努力提高职工代表的素质

职工代表的素质直接关系到民主管理的水平和质量。因此，要重视对职工代表教育与培训，重视提高职工代表的素质。

首先，要加强对职工代表政治素质的培养。职工代表要自觉坚持四项基本原则，具有高度的使命感和责任感，具有敢于秉公直言，为职工说话办事的魄力与勇气，具有参政议政和维持职工合法权益的能力与水平，真正代表广大职工群众行使好自己的民主权利。

其次，要努力提高职工代表的法律法规和理论政策水平。在审议重大决策、审查重要规章制度、审定生活福利等重要事项方面，保证国家法律法规和方针政策的贯彻。善于将国家法律、党的政策与职工群众的意见要求结合起来，使职工代表大会的各项决议、决定既符合法律法规和政策，又符合本单位的实际，符合职工的意见和要求。

最后，要使广大职工代表努力学习民主管理知识。民主管理是现代管理的重要组成部分，随着市场经济的建立和完善以及经济全球化在我国的推进，形势飞速发展，市场瞬息万变。因此职工代表要加强学习，重视自己的知识更新，学习现代管理知识，学习掌握现代管理的最新理念和方法，学习民主管理的基本理论、政策、法律和法规，以及当前民主管理的具体规定和特点，善于运用国外现代先进管理思想进行民主管理的形式创新和制度创新。

八、发挥好工会作为职工代表大会组织者的作用

我国《工会法》规定："工会依照法律规定通过职工代表大会或者其他形式，组织职工参与本单位的民主决策、民主管理和民主监督。""企业、事业单位违反职工代表大会制度和其他民主管理制度，工会有权要求纠正，保障职工依法行使民主管理的权利。法律、法规规定应当提交职工大会或者职工代表大会审

议、通过、决定的事项，企业、事业单位应当依法办理。”我国《企业法》也规定：“职工代表大会的工作机构是企业的工会委员会。企业工会委员会负责职工代表大会的日常工作。”工会作为职工代表大会的工作机构，其主要工作内容包括以下方面：

（1）向广大职工群众进行主人翁责任感的教育，积极参加民主管理，正确行使民主权利；

（2）组织职工群众认真地选好自己的代表，组织和协助代表广泛认真地征集和整理提案；

（3）会同行政调查研究，征求群众意见，及时提出职工代表大会中心议题和建议；

（4）起草召开职工代表大会的方案，协调有关部门准备好提交职工代表大会讨论的材料；

（5）主持主席团的选举并协助主席团主持召开好大会，做好会议程序的安排，组织小组讨论，安排大会发言，认真听取意见，会同有关部门起草大会决议；

（6）大会闭会后，组织和协助代表向职工群众传达大会精神，发动和组织职工贯彻执行大会决议；

（7）组织专门小组（或委员会）进行调查研究，向职工代表大会提议，督促检查大会决议的执行情况，发动职工落实职工代表大会决议；

（8）主持职工代表团（组）长和专门小组负责人联席会议；

（9）搞好职工代表队伍的建设，采取多种形式，组织职工代表学习政治理论，学习党的方针、政策和国家法律、法规，学习管理知识，不断提高当家作主的政治觉悟和民主管理的能力；

（10）受理职工代表因行使正当民主权利而遭受打击报复而提出的申诉、控告，接待和听取职工代表、职工群众对单位管理与工作的建议；

（11）建立和完善职工代表大会的文书档案工作；

（12）向同级党委和上级工会报告关于职工代表大会的工作情况。

医院及其他事业单位的职工代表大会制度，也是事业单位职工民主管理的重要组成部分。这些单位的职工代表大会的性质、任务、职权及组织制度，应参照教育、科研单位的职工代表大会制度执行。其他企业化管理的事业单位，其职工代表大会的职权对应参照企业职工代表大会的职权执行。

第八章

职工代表与非公企业民主管理

非公企业建立职工民主管理制度，是加强社会主义民主政治建设的重要内容，是建立现代企业制度、加强企业管理的内在要求，是调动和发挥广大职工积极性和创造性的有效途径。有利于协调企业劳动关系，保持职工队伍稳定，有利于依法规范企业行为，提高企业科学决策和经营管理水平，促进非公企业健康发展。

第一节 非公企业民主管理原则

在非公企业建立职工民主管理制度已经取得不少成果，提炼出以下三大原则：

一、灵活原则

在非公有制企业推行职工民主管理制度，不能照搬国有、集体企业的一套职代会制度，而应坚持一厂一策，结合企业实际，制定实施办法。对于职代会的建制形式、代表比例、职代会会期、职代会的内设机构等都不宜作统一的硬性要求。

二、实效原则

在非公有制企业建立职代会制度，在职代会的基本形式不变、职代会的基本职权不变的情况下，对职代会职权的确定要注重实效，对职代会的工作制度要积极探索。

三、双赢原则

在非公有制企业推行职工民主管理制度，要坚持围绕企业生产经营这个中心，通过职工的民主参与，集思广益，调动职工的积极性和创造性，与经营者合作共事，共谋企业健康发展，实现双赢。

非公有制民主管理原则是中国特色社会主义工会维权理念——“和谐发展、互利共赢”的具体体现。王兆国主席曾指出：“我国劳动关系矛盾本质上是非对抗性的，属于人民内部矛盾，矛盾双方是对立统一体和利益共同体，具有根本利益的高度一致性和具体利益的相对差异性。工会必须从这一特点出发，倡导和谐理念、立足和谐发展……确保劳动关系双方的协商共谋、机制共建、效益共创、利益共享，建立和发展规范有序、公平合理、互利共赢、和谐稳定的社会主义新型劳动关系。”

第二节 非公企业职工（代表）大会制度

一、非公有制企业职工代表大会建设的基本要求

1. 职工代表大会的组织制度

职工代表大会实行届期制，每届一般为 3 年，也可与企业工会届期一致。职工代表实行常任制，任期与职工代表大会届期一致，可以连选连任。

企业职工人数在 100 人以下的，可实行职工大会制，也可实行职工代表大会制度；100 人以上的企业一般应实行职工代表大会制度；企业集团或者规模较大的企业，其下属单位根据实际情况可以建立本级职工大会或职工代表大会制度。职工大会与职工代表大会的性质和职权相同。

凡与企业建立劳动关系的职工，都可当选职工代表。职工代表以车间、部门、班组为单位，经职工直接选举产生，向选举单位的职工负责。

职工代表的人数，可根据企业职工人数的多少和生产经营的形式适当确定，一般以占职工总数的 5% ~20% 为宜，但人数最少不低于 30 人。职工代表中一线职工的比例不低于 70%，中层以上管理人员不超过 30%，职工代表中女职工应当占一定比例。

职工代表的条件，根据企业实际情况，职工代表应具有一定的工作年限，一定的文化程度，一定的参与决策能力；爱岗敬业，关心企业发展；联系群众，能真实反映职工意愿。

2. 职工代表大会的工作制度

职工代表大会每年至少召开一次。每次会议必须有三分之二以上的职工代表

出席。遇有重大事项，由企业、企业工会或三分之一职工代表提议，可以临时召集职工代表大会。

凡是经过职工代表大会审议或通过的事项，企业应在作出决定之前提交职工代表大会讨论。职工代表大会的表决事项，须经全体职工代表过半数通过。表决重大事项宜采用无记名投票方式。

职工代表大会根据需要可设立若干专门工作委员会或工作小组，负责职工代表大会议案的提出和决议、决定的落实处理。

企业工会是本企业职工代表大会的工作机构，负责职工代表大会的日常工作，包括组织职工代表的选举，协商提出职工代表大会议题，主持职工代表大会的筹备工作和会议的组织工作，督促有关方面落实职工代表大会决议，组织职工代表培训等。

二、非公企业职工代表大会职权

（1）听取企业发展规划和年度计划、生产经营等方面的报告，提出意见和建议。

（2）审议通过涉及职工切身利益重大问题的方案和企业重要规章制度、集体合同草案等。

（3）监督企业贯彻执行国家有关劳动安全卫生等法律法规、实行厂务公开、履行集体合同和执行职代会决议、缴纳职工社会保险、处分和辞退职工的情况。

（4）法律法规、政策和企业规章制度规定及企业授权和集体协商议定的其他权利。

三、职工大会

1. 组织形式

职工大会制度区别于一般召开的企业职工大会，职工大会制度赋予职工代表大会制度相同的职权，行使相同的权利。

2. 工作要求

（1）实行职工大会制度的企业在召开职工大会时应有与职工大会职权相对

应的议题，符合召开会议的人数，由工会主席主持会议。

（2）对于需要职工大会审议通过或者审议决定的事项，必须有过半数职工同意方能有效。

四、区域性、行业性职工代表大会

小型非公有制企业集中的乡镇（街道）、村（社区）、开发区、科技园区、工业园区可以建立区域性、行业性职工代表大会。

1. 区域性、行业性职工代表大会的职权

（1）听取本区域、本行业经济发展规划和生产经营情况的通报，对区域内、行业内企业生产经营重大决策提出意见和建议。

（2）审议通过区域性、行业性集体合同草案、工资协议草案，讨论决定区域内、行业内带有共性的企业职工福利、劳动生产保护、休息休假、职工培训、参加社会保险、医疗制度、奖励与处罚等涉及职工利益的有关方案和规章制度。

（3）选举和罢免参加区域性、行业性平等协商的职工代表和经职工代表大会选举产生的其他机构成员。

（4）监督检查区域内、行业内企业涉及职工切身利益的国家法律、法规、政策的执行情况和区域性、行业性集体合同、工资协议的履约情况。

（5）其他需要职工代表大会履行的权力。

2. 区域性、行业性职工代表大会的组织制度

（1）职工代表大会实行届期制，每届一般为 3 年，也可与同级地方（行业）工会届期一致。

（2）职工代表的人数，可根据区域或行业内企业职工总人数的 5% ~20% 确定，但为人数最少不低于 30 人。职工代表中，一线职工代表应为代表总数的 40%，科技人员和一般管理人员代表占代表总数的 30%，企业法人代表应为代表总数的 30%。

（3）职工代表的条件。

①依法享有政治权利的本区域、本行业内企业职工均可当选为职工代表；

②在企业工作满一年，并具有一定的文化程度，有一定的参与决策能力，爱岗敬业，关心企业发展；

③能密切联系群众，善于真实反映职工意愿，具有较强的法制观念；

④遵纪守法，具有较强民主意识，有一定代表性的企业法人代表。

（4）职工代表的产生。一线职工、科技人员、管理人员代表以区域内、行业内企业员工总人数按比例（也可协商确定）由所在企业职工推荐选举产生；企业法人的代表由区域内、行业内企业在企业法定代表人中推荐。

3. 区域性、行业性职工代表大会的工作制度

（1）职工代表大会每年至少召开一次。每次会议必须有三分之二以上的职工代表出席。大会审议通过的决定、决议，必须经过职工代表大会全体职工代表过半数通过方为有效。大会表决一般采取举手表决方式，但重大议案应采用无记名投票表决方式。

（2）职工代表大会可设主席团，主席团实行常任制。主席团成员由职代会三方代表按比例组成，主席团由工会主席任秘书长主持工作。

（3）职工代表大会应设民主管理监督小组，成员为 3－5 人，由职代会三方代表按比例组成，其主要职责是监督检查职工代表大会的决定、决议在各企业的贯彻实施。

（4）区域性、行业性工会组织是区域性、行业性职工代表大会的工作机构。

第三节 非公企业厂务公开制度

一、非公有制企业厂务公开工作的基本要求

1. 组织领导

（1）企业应建立厂务公开协调小组，由企业党组织、工会、行政主要负责人和企业有关部室负责人组成，未建党组织的企业由工会负责人、企业行政方代

表、职工代表组成。主要职责是：研究、协商、决定厂务公开工作的重要事项；督促和检查厂务公开制度、整改措施的执行和落实；协调厂务公开工作实际中的有关事项；听取厂务公开工作的汇报。

（2）生产规模较大、职工人数在100人以上的企业应建立厂务公开领导小组和监督小组。

建立党组织的企业，厂务公开领导小组由党组织（包括纪检组负责人）、企业行政方、工会主要负责人组成；没有建立党组织的企业，由工会负责人、企业行政方代表、职工代表组成，主要职责是：研究、决定厂务公开工作的制度、措施、计划和其他重要事项；督促和检查企业下属单位的厂务公开工作，进行考核，作出奖罚决定；审核有关厂务公开的内容和形式。

厂务公开监督小组由企业党的纪检组织、工会和职工代表组成，未设纪检组织的企业可由工会和职工代表组成。主要职责是：监督和检查厂务公开内容的真实性、全面性，公开时间的及时性，程序的合法性；收集、整理职工对厂务公开的意见建议，督促有关部门落实；完成厂务公开领导小组交办的其他工作。

（3）企业工会承担厂务公开工作机构的职责。根据企业厂务公开实施细则的规定，做好日常工作；向职工群众解释解答涉及厂务公开范围和内容的职工切身利益问题；做好厂务公开的台账、档案工作。

2. 公开形式

厂务公开的主要载体是职工代表大会。要通过实行厂务公开，进一步完善非公有制企业职代会制度，不断充实和丰富职代会的内容，提高职代会的质量和实效，落实好职工群众的审议知情权、协商共决权、选举罢免权和评议监督权，建立符合现代企业制度要求的民主管理制度。

厂务公开的日常形式还应包括厂务公开栏、厂情发布会、民主恳谈会和企业内部信息网络、广播、电视、厂报、墙报等，并可根据实际情况不断创新。同时，在公开后应注意通过意见箱、接待日、职工座谈会、举报电话等形式了解职工的反映，不断改进工作。

3. 公开程序

（1）审核确定。由企业厂务公开协调小组或领导小组根据有关法律法规及政策和企业厂务公开实施细则，对公开事项的内容和形式进行审核。

（2）及时公布。由企业厂务公开协调小组或工作机构组织并督促将公开的事项分别采取向职代会报告、公开栏公告、企业内部媒体报道等形式予以公开。

（3）征询意见。采取合适的方式及时听取职工群众的反映和意见，主要方式有：在职代会上进行讨论审议、设立反馈意见箱、职工代表向职工征求意见。对职工提出的问题和意见要及时进行解释和答复。

（4）建档备查。每次公开的事项就内容、时间、职工提出的问题及答复、处理结果等资料整理汇总备案，由工会保存备查。

4. 工作制度

（1）企业实行厂务公开制度，应依据法律和上级有关政策规定的要求，结合本企业的实际，制定实施细则。

（2）企业厂务公开实施细则应对以下事项作出具体规定：

①厂务公开的组织领导（协调）机构的设置及其职责；

②厂务公开的主体和责任人；

③厂务公开的形式、载体以及工作流程；

④厂务公开的内容、范围和公开时间的规定；

⑤厂务公开工作监督检查的方法和要求；

⑥应该在实施细则明确的其他事项。

（3）实施细则经职代会审议通过后实施，未建立职代会的企业，实施细则须经全体职工会议讨论通过。

二、非公有制企业厂务公开的内容

1. 公开的内容

（1）与职工有密切关系的企业重大事项的决策和变动，企业应以会议的形式向全体职工公布，并用公告或其他方式进行说明。

（2）与职工劳动权利和工资报酬福利相关的事项，包括：平等协商、集体合同、工资协议的签订、履行、变更、续签等情况；企业为职工交纳养老、失业、工伤、医疗、生育等社会保险费的情况；企业对职工的奖惩和劳动卫生保护措施的实施情况。企业应在职代会上通报（未建职代会的企业可以在工会会员大会或在由工会主持的职工会议上向职工通报），由职工代表履行相应的程序进行审议，并在公开栏和内部媒体上公布。

（3）与职工切身利益相关的企业规章制度的制订和实施，包括：职工工资、福利、劳动保险和医疗制度；职工奖惩制度；安全生产和劳动保护制度；职工职业教育和岗位培训以及劳动（工作）组织管理制。企业在制订上述制度时，应在广泛征求职工意见的基础上，将草案提交职工代表大会审议和表决通过，并于正式实施前以书面形式向全体职工公告。日常性的制度和企业内的办事程序应上墙公布或通过其他媒体供职工查询。企业应定期将制度的实施和执行情况向全体职工公布。

（4）与职工切身利益相关的法律、法规、上级有关部门的政策及其执行的情况，企业应以公告、宣传栏及其他媒体形式公布。

（5）法律法规规定向职工公开的其他事项。

2. 可以公开的内容

（1）企业的重大计划或方案，如：企业发展规划和经营方针，包括企业近中期和长期的发展目标、企业阶段性的经营计划、企业内部生产管理的运作流程等涉及生产经营和管理的决策

（2）企业的重大事项或事件，如企业重大技术改造、企业主要经营者和高中层管理人员的变动、企业发生的与职工利益不直接相关的诉讼以及生产经营活动中重大的管理、销售、质量、环保等方面的事项。

（3）经职工代表与经营者协商同意的事项，如职工代表民主评议高中层管理人员及其情况。

第九章

提升职工代表履职能力

目前，职工代表无论在思想政治素质方面，还是在队伍结构、年龄结构、学历结构、专业知识结构及处理复杂矛盾、把握全局的能力等方面，都与新形势存在着一定的差距。主要表现在：创新意识不强，知识结构单一，工作能力不强，进取精神不强，学习意识不强等。提高职工代表履职能力，事关工会工作大局，因此，提升职工代表履职能力，显得尤为重要。

第一节 职工代表履职能力的内涵

一、提升职工代表履职能力的意义

1. 加强职工代表履职能力建设有利于提高党的执政能力

加强党的执政能力建设，其目的在于不断扩大党的阶级基础和群众基础，巩固党的执政地位，实现党的伟大使命。工会工作是党的群众工作的重要组成部分。《中国工会章程》明确规定："中国工会是中国共产党领导的职工自愿结合的工人阶级群众组织"。这表明，中国工会的本质属性是工人阶级的阶级性、群众性和政治性的有机统一。

工会是党联系职工群众的桥梁和纽带，职工代表做好工作，就能把党政和用人单位的温暖和关怀送给广大职工群众，增强广大职工群众对党政和用人单位的认同感和信任度，密切双方的血肉联系，最大限度地把广大职工群众团结在党的周围，为落实党的使命作贡献。

2. 加强职工代表履职能力建设有利于工会履行各项职能

党的十八大提出了全面建成小康社会和全面深化改革开放的奋斗目标，强调要坚定不移走中国特色社会主义道路，夺取中国特色社会主义新胜利，要加快完善社会主义市场经济体制和加快转变经济发展方式，提出文化强国、生态文明，实现祖国统一、和平发展，这是党和国家在新阶段的目标任务。因此，把广大职工群众组织起来，充分发挥工人阶级的主力军作用，积极为全面建成小康社会贡献力量，就成为新阶段各级工会组织的根本任务。

加强职工代表履职能力建设有利于强化工会各项职能的履行，工会的基本职责是维护职工的合法权益；履行代表和组织职工参与国家和社会事务管理，参与企业、事业和机关的民主管理；组织动员广大职工积极参与改革和建设，努力完成经济和社会发展任务；教育引导职工不断提高思想道德素质和科学文化素质，建设高素质职工队伍；带领广大职工群众为实现党和国家的目标任务而奋斗。

3. 加强职工代表履职能力建设有利于构建社会主义和谐社会

构建社会主义和谐社会，是从中国特色社会主义事业发展全局出发提出的一项重大任务，是党的伟大事业和党的建设的新的伟大工程。职工代表是和谐社会建设的组织者、推动者和参与者，在构建社会主义和谐社会中起着重要的作用。

和谐劳动关系是构建和谐用人单位与和谐社会主义社会的基础，只有劳动关系和谐了，用人单位才能和谐，社会主义社会才能和谐。广大职工群众希望工会组织为他们说话办事，实施维权。职工代表做好维权工作，就是做党、政府和用人单位行政与广大职工群众在具体利益问题上的沟通工作，及时协调和化解各种矛盾。职工代表只有不断加强能力建设，才能做好党、政府、用人单位行政与职工群众联系的桥梁和纽带，才能在建立和谐的劳动关系，促进用人单位和职工共同发展，促进社会主义和谐社会的构建中充分发挥作用。

二、提升职工代表履职能力的内容

党的十六大曾提出要提高领导干部五种能力：科学判断形势的能力、驾驭市场经济的能力、应对复杂局面的能力、依法执政的能力、总揽全局的能力。职工代表履职能力高，就能从全局上把握正确的方向，疏通协调各种矛盾，创新开展各项工作。

1. 不断提升职工代表的学习能力

学习能力是把知识资源转化为知识资本，以获取和保持持续竞争优势的状态和过程。学习能力，从构成要素来看，主要包括学习动力、学习毅力、学习效率和学习转化力，职工代表要运用科学的方法将其有机结合起来，才能形成现实的学习能力。

（1）要有学习动力。新的时期，工会组织和职工代表维护职工合法权益和促进社会和谐稳定的任务异常艰巨。在这种形势面前，职工代表要有一种对自己“本领恐慌”的忧患意识和紧迫感，增强与时俱进的学习意识，把学习当作提高自身工作能力和水平的现实需要，坚持学中干、干中学，坚持向书本学、向实践学、向职工学、向一切有先进经验的地方学，坚持自觉学习、终身学习，在学习中感受快乐所在。

（2）要有学习毅力。职工代表不仅要树立惜时如金的意识和具有锲而不舍的精神，而且要养成乐于学习、勤奋学习的良好习惯，把学习看作是工作和生活中不可缺少的一部分，坚持不懈、持之以恒、全面系统地学，不断提高素质，加强修养，成为知识渊博、精通业务、能力过硬的职工代表。

（3）要有学习效率。一方面要努力学习党和国家的路线、方针、政策，马克思主义基础理论、工运理论、中国特色社会主义理论以及经济、文化、法律、管理等内容，在掌握基本原理、领会精髓实质上下功夫。另一方面要根据本职工作需要，自觉学好履行当前岗位职责所必需的各项技能，做到求知与修身共进步，使知识结构更加合理，个人能力全面提高。

（4）要有学习转化力。通过学习，要有新的发现，不断激发创新意识。要将理论知识运用到实际工作之中，并要在实际工作中不断总结经验，通过深入实践，调查研究形成新的理论成果，做到学习和工作有机结合，不断提高职工代表的公信力。

2. 不断提升职工代表的执行能力

执行是目标与结果之间重要的一环，是组织能否实现预定目标的决定性因素。职工代表的执行能力反映在工作中和事业上，就是要具备“想干事”“会干事”和“干成事”的能力。三个能力中，“想干事”是前提和态度，“会干事”是方法和基础，“干成事”是目的和结果。要实现这一能力，在工作中要贯穿“想实干”的理念，围绕“求发展”的目标，体现“为职工”的取向。

（1）“想干事”要求职工代表要主动维权。主动维权要求职工代表必须转变思想作风，增强责任意识，主动了解职工群众的实际困难和问题，做到提前参与和主动维护，面对面、心贴心、实打实地为职工群众排忧解难，让困难职工群众切实感受到党和政府及工会的关怀，增强工会组织在广大职工群众中的认同感、归属感和影响力。

（2）“会干事”要求职工代表要依法维权。依法维权要求职工代表必须增强法制观念，善于运用法律武器，通过合法的途径和方式，维护职工合法权益，动员团结广大职工当好主力军，以更加饱满的热情和更加高昂的斗志积极投身于“十二五”建设当中。

（3）“干成事”要求职工代表要科学维权。科学维权要求职工代表必须用科学理论来指导工会工作，用科学态度来协调工会工作，用科学方法来推进工会工作，把维权工作贯穿于推动改革、促进发展、积极参与、大力帮扶的全过程，使工会维权工作沿着正确的方向不断前进。

3. 不断提升职工代表的创新能力

经济的发展和社会的进步，客观上对工会的思想方法、工作方式提出了强烈变革的要求。职工代表应该跳出工会看工会，适应变化、不断创新，把上级精神与工作实际紧密结合起来，坚持在继承中发展，在实践中完善，在创新中提高，使各项工作更富有创造性。

（1）在工会理论上创新。只有理论创新，才有思路创新、工作创新。实现工会理论创新，必须以马克思列宁主义、毛泽东思想、邓小平理论、“三个代表”及科学发展观等重要思想为指导。树立和践行科学发展观，深入研究工会面临的重大理论和实践问题，善于对新的实践作出新的理论概括，以理论的发展来反映时代的发展，以发展的理论来指导实践的深化，以理论创新带动体制创新和工作创新，使工会工作更好地体现时代性、把握规律性和富于创造性。

（2）在工作方法上创新。面对新形势，新体制，工会组织原有的工作模式已不适应形势发展的需要。这就要求职工代表首先要更新观念，转变思路，不断研究工会工作的新方法、新途径、新载体，使工会工作在新形势下更好地体现“围绕中心、服务大局”这一宗旨。

（3）在工作作风上创新。工作作风是人们在工作中所体现出来的行为特点，是贯穿于工作过程中的一贯风格。党中央提出“改进工作作风、密切联系群众”的八项规定，是以习近平同志为总书记的新一届中央领导集体向全党发出的号召，充分体现了新一届中央领导集体执政为民、从严治党的坚定决心。职工代表改进工作作风、密切联系广大职工群众，要做到设身处地为广大职工群众着想，实事求是地研究和解决广大职工群众困难，要学会深入广大职工群众，在贴近广大职工群众中不断汲取工作动力，在做职工群众工作时，对广大职工群众要动之以情、晓之以理，只有这样，广大职工群众才能真正给予理解、支持和拥护。

4. 不断提升职工代表的协调能力

协调，是指主体为了实现目标，而对活动中出现的矛盾和问题所做的调整过程。职工代表协调能力表现在充分发挥桥梁和纽带作用上，既要反映满足广大职工群众的愿望和要求，替职工说话办事上，又要反映替党和政府分忧解难，形成融洽关系，树立良好社会形象，促进社会和谐稳定上。协调应主动、积极，要坚持正气原则、同等对待原则、综合平衡原则 、求同存异原则，注重协调方法。

（1）注重团体协调。包括与党政的协调，与上级机关的协调，与各级工会的协调，与用人单位的协调和与现实社会的协调。通过目标上、思想上、感情上和信息上的沟通，达到通力合作，协调状态良好；合理竞争，协调氛围正常；途径正确，协调目标实现的目的。

（2）注重人际关系协调。包括协调上级关系，协调同级关系和协调下级关系。协调上级关系要做到尊重上级而不崇拜上级；服从上级而不盲从上级；体谅上级而不为难上级；“等距交往”而不“非常距交往”。协调同级关系要做到以诚相待，与人为善；友好合作，相互支持；讲究方法，灵活处事。协调下级关系要做到坚持组织原则，起到表率作用；坚持主动及时，追求满意目的；保持同等适度，做到一视同仁；真诚对待下属，达到和谐融洽。

（3）注重自我协调。包括自我不良情绪的协调与消沉情绪的协调。协调不良情绪一要靠自己主动克服不良情绪；二要多看事情好的方面，多为对方着想。协调消沉情绪一要培养积极健康的心理；二要树立强大的精神支柱；三要提高对社会环境的适应能力；四要保持快乐的情绪和平静的心态；五要运用正确的心理调适方式。

5. 不断提升职工代表的应变能力

新时代的职工代表必须具备良好的应变能力。应变能力是一种综合能力，它与其他方面的能力既有联系又有区别，可以说是职工代表各种能力的集中表现。应变能力包括：

（1）超前预测能力。通过对事物的发展态势进行认真研究，找出可能导致突发事件的可预见因素和难预见因素中的可预见成分，积极采取防范措施。

（2）分析判断能力。职工代表在作任何决策之前和处理突发问题时，都必须具备准确的分析、判断和决策能力，在分析、判断的基础上，建立起决策的整个支持系统，充分利用互联网等平台获取最新信息，为正确决策提供依据。

（3）处变不惊定力。在发生任何事情面前，职工代表应该调整心态，临危不乱，泰然处之。尤其在遇到突发事件时，面对职工群众过激的情绪或者失控的围攻冲击，要能做到头脑清醒，言语得当，在最短的时间内控制局面。

（4）有效处理能力。在处理问题，特别是处理突发事件时，处理速度是关键，必须避免上下推诿或互相指责，应该协调一致，上下联动，整合资源，调动力量，按照危机管理模式，迅速展开行动，力争使危机伤害降至最低。

（5）深刻反思能力。要不断总结工作中的不足，通过深刻反思，掌握客观规律，改进工作方法，增强服务功能，促进各项工作的再完美和团队凝聚力的再提高。

6. 不断提升职工代表的调研能力

调查研究是人们有目的、有意识地进行的一种自觉的认识活动。它是根据社会发展过程中提出的课题，运用科学的方法，有目的、有计划地对某一社区、社团或社会现象进行广泛的了解，在大量占有第一手材料的基础上，进行去粗取精，去伪存真、由此及彼、由表及里的工作，以获得某种规律性的认识活动。

（1）增强调研工作的针对性。坚持正确的指导思想，紧紧围绕党的工作大局和工会工作全局开展调查研究。当前，工会工作面临的新情况新问题，要求职工代表深入职工群众调查研究，从职工群众的愿望和要求出发，有针对性地选择调研课题，寻求新方法，采取新举措，不断增强工作的预见性、系统性和创造性。通过调查研究，提出的工作方法才能切合实际，收到事半功倍的成效。

（2）注重调研工作的实效性。质量是调研成果的生命力所在。调研工作要有实效，必须在深度上下功夫，不能浮在表面。要深入基层去搜集第一手材料，有的放矢，对症下药。同时，要十分重视调研成果的转化，促其发挥更大的作用，有力地推动工会工作出特色、上水平。

（3）掌握调研工作的灵活性。任何一个成功的调查都是和正确的调查研究方法离不开的，如果调查方法不当，单凭良好的愿望和工作的积极性很难达到预期的调研目的。调查研究方法和形式灵活多样，从调查方法上看有普遍调查，重点调查，专题调查，典型调查，统计调查，抽样调查等；从调查形式上看有开调查会，采访调查，登记调查，蹲点调查等。这些方法和形式都不是独立的，每一种调查方法往往是和其他的调查方法和形式结合在一起运用的，职工代表要善于掌握，灵活运用。

7. 不断提升职工代表的服务能力

在新形势下，工会工作既迎来了诸多有利因素，又面临着巨大挑战。职工代表如何进一步解放思想、转变观念，更好地服务广大职工群众，切实扩大工会覆盖面、增强工会凝聚力，这是当前各级工会组织面临的重大任务。

（1）树立服务意识。新时期职工代表应当在提高服务能力上下功夫，要牢固树立为党政服务、为职工群众服务、为用人单位服务的工会工作理念，确立和规范服务标准，强化服务质量，开拓服务视野，拓展服务渠道，不断增强工会组织活力，提高工会干部服务能力。

（2）夯实服务实力。工会组建工作和工会经费收缴是工会服务职工的实力保证。职工代表要认真做好工会组建、工会经费“收、用、管”和工会资产管理工作。《中华人民共和国工会法》第二章就工会组织建设作了明确规定，这给做好工会工作奠定了坚实的组织基础。例如：第十条规定：“企业、事业单位、机关有会员二十五人以上的，应当建立基层工会委员会；不足二十五人的，可以单独建立基层工会委员会，也可以由两个以上单位的会员联合建立基层工会委员会，也可以选举组织员一人，组织会员开展活动。女职工人数较多的，可以建立工会女职工委员会，在同级工会领导下开展工作；女职工人数较少的，可以在工会委员会中设女职工委员。企业职工较多的乡镇、城市街道，可以建立基层工会的联合会。县级以上地方建立地方各级总工会。同一行业或者性质相近的几个行业，可以根据需要建立全国的或者地方的产业工会。全国建立统一的中华全国总工会。”等。第五章就工会的经费和财产作了明确规定，这给做好工会工作奠定了坚实的经济基础和物质基础。例如：第四十四条规定：“工会应当根据经费独立原则，建立预算、决算和经费审查监督制度。”第四十六条规定：“工会的财产、经费和国家拨给工会使用的不动产，任何组织和个人不得侵占、挪用和任意调拨。”第四十五条规定：“各级人民政府和企业、事业单位、机关应当为工会办公和开展活动，提供必要的设施和活动场所等物质条件。”等。

（3）提高服务效能。职工代表要大力弘扬求真务实精神，牢记群众利益无小事，用真理、真情、真心为职工群众排忧解难，扎扎实实为职工群众做好事、办实事、解难事。通过加强学习，改进作风，建立机制，依托载体，完善措施，简化程序，加强考核，提高效率，塑造工会组织和工会干部新的形象。

8. 不断提升职工代表的维权能力

维权能力是职工代表专门能力中的最基本的能力，也是其履行维护基本职责必备的核心能力。在劳动关系矛盾凸显、侵害职工合法权益的事情不断发生的情况下，提高职工代表的维权能力十分重要，只有在实际工作中不断提高维权能力，才能不辜负党和广大职工群众对工会的期望。

（1）要敢于维权。敢于维权是做好维权工作的基础，职工代表必须具备敢于维权的勇气，这是对党和广大职工群众负责的工作态度，也是对职工代表的基本要求。职工代表要把职工的满意度作为维权工作的出发点和落脚点，在职工合法权益遭受侵害后，职工代表应该积极主动维权，及时把职工的诉求向有关部门和用人单位反映，把各种矛盾化解在萌芽之中。

（2）要善于维权。善于维权是职工代表在维权过程中的策略和技巧等方面的综合运用。职工代表做好维权工作必须把握好四个方面：一是要协调好党政工三者的关系，尽量争取党政的支持；二是要坚持超前维护的原则，在方针政策制定之前和职工利益未被侵犯之前预先估计、预防侵权事件发生；三是要运用法律赋予的权利，主动、依法、科学维权；四是要在参政议政、民主监督和平等协商、签订集体合同中加大源头参与的力度，在更大范围内、更深程度上维护好职工群众的合法权益。

第二节　提升职工代表应对突发事件的能力

一、提升职工代表应对突发事件的卓越领导能力

应对突发事件的领导能力，即有效掌握工作相关信息，及时捕捉带有倾向性、潜在性问题，制定可行预案，并争取把问题解决于萌芽之中；正确认识和处

理各种社会矛盾，善于协调不同利益关系；面对突发事件，头脑清醒，科学分析，敏锐把握事件潜在影响，密切掌握事态发展情况；准确判断，果断行动，整合资源，调动各种力量，有序应对突发事件的种种素质。

1. 科学的超前预测能力

超前预测能力，就是对事物的发展态势进行认真研究，找出可能导致突发事件的可预见因素和难预见因素中的可预见成分，积极采取措施防范的一种能力。突发事件，并不全然是无端飞来，出现之初，总会有这样那样的迹象。聪明的职工代表，善于透过偶然性发现深刻的必然性，能够及时抓住那些初露端倪的现象，机敏地处理突发事件和突发事件带来的危机，把问题解决于萌芽之中，以避免事态扩大造成的损失。提高职工代表应对突发事件能力的关键是捕捉先机，在突发事件危害社会前对其进行控制。超前预测能力的培养，一靠深入细致地调查研究和分析判断，及时做到对各种新情况、新问题胸中有数；二靠及时捕捉和占有相关的信息，做到在第一时间了解掌握事件苗头和动态；三靠勇担责任的精神品质，就是要有高度的政治责任感和社会责任感，以负责的态度直面矛盾、果断处置。

2. 处变不惊的定力

当突发事件发生时，职工代表应该临危不乱，保持清醒的头脑，职工代表的自信是动员群众、稳定人心的强心剂。因为无论哪类突发事件，都会对人们的心理产生相当大的冲击与压力，使大部分人处于强烈的冲动、焦躁或恐惧之中。所以，职工代表首先应控制自己的情绪，冷静沉着、镇定自若，群众的心理压力才会大大减轻，并能在上级工会的引导下恢复理智，有利于突发事件的迅速及时解决。处置突发事件，最终胜败取决于职工代表坚强的心理素质和有效的方法手段。做到这一点，首先要保持忍耐克制的心态。在处置突发事件中，尤其在处置突发社会安全事件时，面对群众过激的情绪或者失控的围攻冲击，要能始终做到克制忍让，要顶得住压力，听得进闲语，放得下架子，经得起冲击。其次要有归零心态，无论何种情况下，始终坚持“打铁还要自身硬、身正不怕影子斜”，不“退”、不“变”、不“躲”、不“假”，始终保持良好心理承受力与心理素质，泰然处之。

3. 准确的分析、判断和决策能力

突发事件出人意料，是一种典型的非程序化决策，常规的办法对于突发事件往往是不适用的。因此，要求职工代表对于意料之外的事情要有深刻的洞察力，抓住其意料之内的因素，迅速判断事件性质和危害程度。要打破常规，敢冒风险，当机立断，立刻做出正确反映并及时控制局面，使其不扩大、不升级、不蔓延。

4. 良好的信息沟通能力

面对突发事件，人们对信息的需求，尤其是对突发事件信息的需求，比以往任何时候都更为强烈。国际国内的经验都证明，突发事件发生期间政府相关部门与公众的有效沟通十分重要，信息传播失误所造成的真空，会很快被颠倒黑白、胡说八道的流言所占据；犹抱琵琶半遮面的信息公开，最容易导致公众的猜测和传播。突发事件发生后，政府相关部门及时通过媒体用清晰的语言将突发事件的真实情况主动地、尽可能准确发布给公众，是获取民心、广泛利用社会资源的重要环节。要告诉公众，政府相关部门关心所发生的事件，正在采取有力措施来处理危机，设法使受到危机影响的公众站到政府相关部门这一边，确保社会公众对政府相关部门的信任。职工代表在媒体中亲自露面，有助于稳定人心，增强公众的信任感。

5. 卓越的群众工作能力

努力做好群众疏导工作，坚持充分相信群众，一切依靠群众，是成功处置突发事件的关键，通常情况下，应把握好三个方面工作，一是坚持群策群力，善于集中班子集体智慧，充分听取群众意见，制定切实可行、行之有效地解决问题的方案。二是要善于借助外力。注重抓住关键的人，用好有影响的人，努力整合各方面力量，千方百计做好正面宣传和正面沟通工作，绝不能被动应对、顺其自然。三是要注重因情施策，针对不同事件的成因和事态走向、对症下药，促使问题和矛盾尽快得到解决。

6. 有效的处理能力

突发事件大多具有影响的广泛性、强烈的破坏性、冲击的连续性，如果得不到及时处置，常常会由一种矛盾引发出多种矛盾，由显现问题诱发潜在问题，产生一连串的反应，还可能从一个地区波及另一个地区，由一个领域波及另一个领域，甚至会从一个国家波及到另一个国家。处理不力，会影响经济发展、社会稳定，甚至会对党和国家的前途命运构成威胁。因此，处理速度是关键，必须避免上下推诿或相互指责，应协调一致，上下联动，整合各种资源，调动各种社会力量，按照危机管理模式，迅速展开行动，力争使危机伤害减至最低。因此，职工代表应经常亲自组织开展应急演练活动，提高实战能力。开展应急演练，从现象上看，检验的是演练是不是有序进行，机制是否灵活有效，信息渠道是否畅通，应急预案具不具备操作性、实效性、实用性；实际上折射出的是工会领导干部素质的高低，处置突发事件能力的强弱。

7. 必要的知识储备能力

应对突发事件，相应的经验虽然可以提高敏锐性，但是完全跟着经验走，也容易误入歧途。经验如果不同科学结合，也可能错误地运用经验。在具体的应对中，不同的突发事件有不同的处理方案。方案只有建立在科学的基础上，即符合事物本身发展的规律，实行起来才能收到很好的效果，才能经受住实践的考验。但是作为一个单个的个体，哪怕是一个好的职工代表，他的知识水平和经验总是有限的。因此要得到一个相对正确的应对突发事件的方案，就是依靠科学，尤其是要发挥专门领域的专家的作用。但同时也要注意，专家们的意见也往往会不一致，这时就要求职工代表尤其是决策者要择善而从。不能只听赞成自己意见的专家的意见，而不愿意广泛听取不同的意见。兼听而善择，这是一个高明工会领导者应该具备的能力。因此，职工代表应挤出时间，除参加集中培训学习外，多自学一些有关应急管理的知识和相关法律、法规、政策，尤其是《中华人民共和国突发事件应对法》，努力提高自身综合素质和工作水平。

8. 深刻的反思能力

在处置突发事件工作中，需要职工代表及时总结，反思不足，变坏事为好事，促进各项工作的再完善与团队凝聚力的再提高。做到这一点，首要问题是深刻反思，学会把握客观规律，不断丰富我们的工作方法。其次是增强服务功能，不断提升公共服务的能力。

二、提升职工代表应对突发事件的沟通协调能力

在突发事件来临之后，由于信息的不充分和人们缺乏必要的应对措施、技能及资源，公众的态度、情感、意志和动机等会相互影响和感染，易出现非平常的反应。因此，处理突发事件中的沟通就显得尤为重要。

1. 与公众沟通

突发事件的突发性、紧迫性、不确定性和危害性对习惯于常态环境的人们造成巨大的冲击，往往会使公众措手不及。一是产生焦虑、恐慌和恐惧的心理，二是轻信并参与传播流言和谣言，三是可能产生一些非理性的行为。只有突发事件处置时，职工代表坚持正确的沟通原则，才能保证公共关系的沟通工作朝着正确的方向发展。

（1）要谦虚诚恳、实事求是。

这是与公众沟通工作最基本的职业道德。与公众沟通最忌讳的是高傲自大和弄虚作假。沟通不是在演戏，它来不得半点虚假。只有以谦虚诚恳、实事求是的原则为准绳，才能赢得公众的信赖与支持。

（2）要公开透明。

“公众应该被告知”和“讲真话”，是公关沟通的基本原则。在政策与法规许可范围内的公关沟通的透明度，以公开和阐明事实真相为特征，是妥善处理突发事件并实现有效沟通的基本原则。

（3）要加强疏导。

加强疏导属于预防型公关沟通的范畴。预防型公关沟通的显著特点不仅在于“防”，关键在于“引”，在于通过强有力的防范措施和科学的引导变不利因素为有利因素。

（4）要坚持与人为善和真诚沟通的原则。

沟通是努力促使人心向善的事业，真诚待人是公关的处世哲学。在一些突发事件中，公众往往把参与处理和沟通的政府工作人员当作“出气筒”。面对紧张的局面，政府工作人员在坚持原则的前提下，一定要善于自控，学会忍耐，努力使矛盾得到缓和解决。

2. 信息沟通

针对突发事件的特点，有关部门及其工作人员要运用政府公关，采取相应的措施，职工代表要加强对职工群众的疏导和控制，促进危机事件的解决，恢复正常的生产和生活秩序，把危机的损失降低到最低程度。

（1）权威机构要及时发布信息，增加透明度。

流言止于公开。职工群众既是流言和谣言的传播者，在一定程度上又是流言和谣言的受害者。如果信息渠道不畅通，对于职工群众而言，流言和谣言的传播是很自然的事情。因此，制止流言和谣言最好的办法就是增加信息的透明度。按照国际惯例，政府的一些重要信息可以通过政府机构或工会组织向社会公布，这样做既可以保证信息来源的权威性，又可以保证信息的正确性和及时性，同时还可以增加信息的责任性。

（2）职工代表在危机和公众面前要沉着冷静。

①职工代表作为突发事件的当事人出现，这时，他们的一举一动对在场的职工群众具有举足轻重的影响力。他们的言行往往具有示范的效果。

②职工代表作为突发事件的处置者，他们对危机的态度以及处理方式也直接影响着当事人的情绪等心理发应。特别是对于由于社会矛盾引起的突发事件，职工代表要善于面对当事群众，面对群众可能提出的过分要求以及过激言行，要保持克制的态度，不能感情用事。首先要耐心倾听，不要急于表达意见。等群众充分表达之后，抓住时机，有理有力有节，循循善诱地做耐心细致的解释、说明工作，对于群众合理的要求要给予满足。要以平等、真诚、虚心的态度认真听取群众意见，不打官腔，不抱偏见，不居高临下，不盛气凌人。注意不要用敏感的字眼刺激当事人，不要把群众当作对立面。要注意根据不同情况，审时度势，掌握时机，注意策略，不激化矛盾。

（3）必要时要邀请专家学者释疑解惑。

突发事件发生以后，一方面需要突发事件相关领域的专家分析突发事件的原因、发展趋势以及防范的具体措施等方面的知识。既可以让专家主讲，也可以通过电视、网站等大众传媒参与互动，现场咨询解答，让公众了解事情的来龙去脉。另一方面，要在必要的时候邀请心理学特别是社会心理学方面的专家进行咨询。通过他们帮助公众辨别所获得的信息的真伪，帮助公众排解心理压力，掌握处理人际关系与社会关系的技巧，对一些由于突发事件而引发的心理异常等现象进行会诊。

（4）要建立良好的沟通和对话机制。

实践证明，一些社会性、政治性突发事件的发生，往往是由于政府工作人员及职工代表和职工群众之间缺乏良好的沟通，引起误解所致。因此，当突发事件出现以后，要让突发事件的当事人发表自己的看法，危机管理人员要认真听取当事人关于事件的陈述，而不是压制他们，不让职工群众讲话，单方面作出判断和决定。要在耐心听取群众意见和要求的基础上，帮助他们分析哪些是真实的，哪些是虚假的，哪些是合理的，哪些是不合理的。这样的沟通和对话机制可以增进双方的了解，消除误解和猜疑，增加信任。让当事人说明事由、表达意见的时候，实际上也是一种情感和情绪宣泄的方式，起到社会安全阀的作用。

（5）还要请主流媒体做客观及时的报道。

现在人们获取信息的方式和渠道虽然越来越多，但各种途径和渠道发布的信息在公众中的影响和可信度是有差异的。这种差异一方面是由各媒体在信息收集、加工、传播等方面的差异造成的，另一方面也有相关部门指导思想方面的原因。总的来看，一些大的报纸、杂志和电视台在获取信息方面具有全面、快速、及时、准确的优势，平常它们在职工群众中的可信度也比较高。因此，当危机事件发生以后，主流媒体要一如既往地保持全面、客观、准确、及时的报道，让职工群众知道事情的真相。

3. 与突发事件受害人的沟通

突发事件发生以后，如何做好事件受害者的安抚工作至关重要。这项工作的好坏不仅关系到对突发事件的处理，对政府有关部门及工会组织的形象也是一次严峻的考验。

（1）突发事件发生以后，要在第一时间派得力人员安抚受害者，并通报事态发展的有关情况。尤其是对人员伤亡的事件，更是要慎之又慎，要把人道主义与相关的原则结合起来，妥善处理好与受害者及其家属的关系。

（2）要以极大的耐心接受受害者的投诉，并尽可能提供方便。事件发生后，作为代表有关部门处理的工作人员，不要一味计较与受害者纠缠责任的划分，计较双方矛盾的大小，以免矛盾激化和分歧加深，导致受害者和社会舆论的反感，给以后的善后处理留下麻烦。相反，还应主动承担责任，作出超过社会期望的努力，从而赢得公众的理解和支持。若有必要的话，可以设立热线接受有关当事人的投诉，倾听他们的意见，对于他们的投诉，有关部门及其工作人员不能麻木不仁，漠然处之，更不能竭力辩解，推脱责任，甚至采取粗暴的态度。

（3）要对受害者进行赔偿和抚恤。突发事件，特别是重大责任事故，有关组织和部门必须承担一定的责任，给予受害者一定的精神补偿和物质补偿。对于人员死亡的情况，还要对受害者进行安葬，对受害者家属进行抚恤。

4. 参与突发事件处理人员内部的沟通

组织内部沟通不良，危机管理中快速而准确的信息交流就难以实现，管理者就难以及时了解情况，管理者下达的命令也难以被及时执行。这样突发事件处理就不能有效地展开，所造成的损失就会更大。在突发事件的处理中，工会组织内部的协调包括与上级的沟通、下级的沟通和同级之间的沟通。

（1）与上级的沟通协调。

①下级要服从上级，这是上下级关系中最基本的原则。所谓下级服从上级，就是下级受纪律的约束，必须无条件地服从上级的决定，不能以任何借口不执行。领导者在处理与上级的关系时，要自觉服从领导，不能对上级采取对抗和排斥的态度。

②要积极做好工作，为上级分忧解难。作为上级总希望下属出色地完成自己交办的各项任务，成为自己的得力助手。那么作为下级的领导者，一要当个积极的执行者，二要当个诚实的信息员，三要当个无私的好参谋。

③要找准自己的位置，做到出力而不越位。正确认识和评价自我，找准自己的角色位置，是领导者处理与上级关系的前提。这就要求工会领导者必须按照自己的身份，把握好自己的位置，尽力尽责地做好本职工作。

④要避开情绪的干扰。在突发事件的处理过程中，切忌感情用事。要尽量用自己的长处和才能去弥补上级领导的不足，把事情做好，事事以诚相待，力争及早解决突发事件。

（2）与职工群众的沟通协调。

在突发事件的处理中，如何积极有效地调动职工群众的热情，具有非常重要的作用。

①要充分尊重职工群众。

A. 要尊重职工群众的工作，属于职工群众职权范围内的事，不要随便干预插手。职工群众已经决定的处理方案和决定，只要基本正确，就不要随便打断职工群众的工作计划，轻易让其改变原来的决定。

B. 要尊重职工群众的意见，倾听他们的呼声。虚心听取职工群众的意见、呼声，接受群众的监督，这是职工代表避免偏颇的主要途径，也是对下级的一种尊重。

C. 要尊重职工群众的人格。在对待有缺点、错误的职工群众时，职工代表要严格要求，热情帮助，对其错误不姑息迁就，同时也不能讽刺挖苦、粗暴训斥。

②要广采博纳，善于吸收职工群众的意见与建议。

在应对突发事件中，职工代表要善于听取职工群众的意见，鼓励职工群众发表自己的见解，尤其是欢迎职工群众提出建议性意见和批评性意见。再次，要知人善任，激发职工群众的上进心。“治国之道，唯在用人”，职工代表用人的核心是知人善任，最大限度地挖掘和利用职工群众的能力，充分发挥他们在突发事件中的处理能力。常言道“金无足赤，人无完人”。职工群众的素质不同，才华各异，能力有大小，水平有高低。作为职工代表，必须量才适用，根据各级的特点，用其所长，避其所短，做到人尽其才，才尽其用，各得其所。最后，对待职工群众要一视同仁，公平合理。在一个单位中，当职工群众发现职工代表能公平对待自己时，心情就舒畅，工作积极性就高，反之，则会产生不公平感。因此，作为职工代表应该不论关系亲疏，不论个人好恶。做到“一碗水端平”，有功必赏，有过必罚，功过分明。

（3）与职工代表的沟通协调。

作为同事，在工作中，尤其是在突发事件的应对中，一定要团结协作．同甘苦，共患难。

①树立集体意识，把自己看成是集体的一分子，以集体利益为重，把自己的一切同这个团体紧密结合起来，共同合作，顺利完成上级领导交办的任务。

②具体工作中个人要扫好“门前雪”，也要管他人“瓦上霜”。在突发事件的处理中，每个工作人员都有自己的分工和职责范围，对于自己分管的工作必须要保质保量地完成。但同时组织毕竟是一个整体，职工代表之间常会遇到工作上

的交叉，为此，一定要互相配合、互相支持，当其他人在工作中出现困难时，要伸出友谊之手，积极予以支援和协助。

③心理上要宽容，与人为善，友好相处。职工代表之间的工作需要支持和合作，这要求有和谐的气氛和宽容的心理。要有宽阔的胸襟，不仅要有容人之短的度量，还要有容人之长的胸怀。与此同时，职工代表之间要善于沟通，消除彼此之间的心理防线，与人为善，友好相处。

5. 与媒体的沟通工作

新闻具有指导性、真实性、时效性、可读性、新鲜性、群众性、重要性等特征。当今的媒体已经深入到公众生活的各个方面，对人类活动的反映可谓细致而全面，任何大型的事件都会被媒体报道，更何况是突发事件了，因而在突发事件的处理中千万不要忽视媒体的作用。但是媒体对突发事件既有有利的方面也有不利的方面，为此要根据媒体的特点，使媒体在突发事件的处理中起到积极的作用。

（1）新闻报道对突发事件的积极作用。

①帮助突发事件处理机构传递信息。危机发生时，无论突发事件处理机构是否愿意，有关突发事件的信息都有可能被媒体传递。如果这些信息是突发事件处理机构所希望的，对于有关部门来说，这种信息传递是免费的。在突发事件发生后，任何组织和个人都要考虑尤其免费传递信息的可能，利用好媒体，将自己愿意传递的同时也是媒体感兴趣的信息，通过媒体传递出去，这样既节约成本，又实现了自己的目的。通过新闻媒体传递信息，具有传播范围广、信息传播速度快、减少信息传播失真等优势，这是其他的组织和个人所不能比拟的。

②能协助突发事件处理机构进行危机预防、反应和恢复重建。在日常生活中，由于突发事件没有发生或者上一次发生已久，人们往往对危机缺乏一定的警惕性。如果新闻媒体通过重播过去的危机情景，或者报道世界其他地方的危机事件，可以使人们对本地区或者本部门的危机保持高度的警惕。媒体还可以通过报道过去人们处理危机的经验和教训、介绍其他地方的人们正在进行的危机处理行为，教育公众要如何进行危机预防，并使人们意识到危机预防的必要性。

③媒体报道可以提高工会组织及职工代表的形象。新闻媒体通过报道个人或

组织如何居安思危地采取预防危机措施、对突发事件处理的积极态度、如何根据突发事件的征兆进行积极反应，从而成功阻止了危机的发生，以及如何采取有效措施防止了危机的扩散和降低危机带来的损失等，从而使突发事件的当事人及其社会公众感到组织或个人应对突发事件的能力很强，增强他们对组织或者个人的信心。

④媒体报道还可以为突发事件的处理提供依据和帮助。突发事件发生时，媒体除了报道突发事件以外，还会请一些专家或者学者对事件发表评论，就突发事件产生的原因、产生过程、目前的状态和突发事件处理过程中的失误、成功之处发表专家或者学者的个人看法，并对进一步的处理提出建议。媒体的这种行为实际上为突发事件的处理提供了免费的专家咨询。

（2）新闻媒体对突发事件的消极影响。

①媒体可能成为突发事件的制造者。媒体的信息是广泛传播，媒体可以在短时间内使广大职工群众了解媒体发布的信息，无论这些信息是真的还是假的。媒体这种信息发布上的垄断优势使媒体可能成为危机的制造者，并使自己陷入危机。

②媒体可能成为突发事件的促进者。媒体在信息传播方面的具有对信息放大的作用。没有媒体的传播，一条信息只能局限在组织的内部，只有少数人知道，如果这条信息被媒体发布出去，那么这条信息就再也无法掩盖住了。从这个角度上讲，媒体就像一个扩音器，可以将微弱的声音放大为清晰的、大家都听得见的声音。这样的信息放大可能会促使危机的爆发，甚至促进危机的深化。

③媒体可能妨碍突发事件的处理。在很多情况下，突发事件处理部门为危机的预防或反应作出了巨大的努力，但是由于媒体沟通的障碍，媒体对突发事件的处理作出了失实甚至是歪曲的报道，使突发事件处理者感到自己的工作得不到理解和支持而心情沮丧，这样会直接影响到突发事件处理的积极性。

④突发事件发生后，大量的新闻记者涌向现场，导致交通阻塞，甚至可能会占用突发事件处理所需要的资源，直接妨碍突发事件的处理。再者，记者对突发事件处理部门及其工作人员无休止的纠缠会使有关人员无法全身心投入工作，影响突发事件处理的效果。

（3）在处理突发事件的过程中借助新闻媒体的力量，需把握的原则。

①要和媒体合作。做媒体的盟友和合作者，利用新闻媒体宣传、阐释有关政

策，掌握新闻媒体的舆论导向。

②要恰当处理好和不友好以至对立媒体的关系。

③要制止谣言的导向，保持权威的、主流声音的及时发布。

三、提升职工代表应对突发事件的自救互救能力

应对突发事件，首先要做好突发事件的提前预防工作，从源头上遏制突发事件的发生。突发事件一旦发生，不仅本单位受到影响，整个区域甚至全社会都会受到影响。因此，各区域内的职工代表都应当担负起预防突发事件发生的义务，采取各种有效措施消除突发事件发生的各种因素，在保障自身安全的同时，也保障了社会的安全。所有工会基层单位和组织建立健全安全管理制度，应从以下几方面着手。

1. 建立健全本单位的安全管理责任制

安全管理责任制是将本单位各级负责人员、职能部门及其工作人员在安全管理方面应做的事情加以明确规定的一种制度。安全管理责任制的主要内容包括三个方面：一是生产经营单位的各级负责生产和经营的管理人员，在完成生产或者经营任务的同时，对保证安全生产负责；二是各职能部门的人员，对自己业务范围内的安全事项负责；三是所有从业人员应在自己本职工作范围内做到的安全事项。

2. 组织制定本单位安全管理规章制度和操作规程

安全管理规章制度是一个单位规章制度的重要组成部分，是保证单位的各项工作安全、顺利进行的重要手段。工会的主要负责人应对组织制定本单位的安全管理规章制度和操作规程，并保证其有效实施。

3. 职工代表应组织力量开展风险隐患普查工作

全面掌握本单位各类风险隐患情况，建立分级分类管理制度，落实综合防范和处置措施，实行动态管理和监控，加强各部门之间的配合；要定期检查本单位安全防范措施的落实情况，对可能引发突发事件的风险隐患，要组织力量限期治理，尽快消除隐患。

4. 职工代表对于本单位可能发生的突发事件和采取安全防范措施的情况，应及时向所在地人民政府或者政府相关部门报告

使政府及时获取有关信息，以便于对可能发生的突发事件作出判断和相应的处置。各级人民政府及有关部门也要加强对本行政区域内的工会、各重点部位安全管理的监督检查，严密防范各类安全事故的发生。

事故单位是指受到自然灾害危害或者发生事故灾难、公共卫生事件的单位，救援的主体是本单位应急救援队伍和工作人员，救援的对象是受害人员以及受到威胁的人员，采取的具体措施是控制危险源、标明危险区域、封锁危险场所，以及其他防止危害扩大的必要措施，同时还要向所在地县级人民政府报告。其他单位的协助救援包括三个环节：一是要服从人民政府发布的决定、命令，配合人民政府采取的应急处置措施；二是做好本单位的应急救援工作；三要积极组织人员参加所在地的应急救援和处置工作。

5. 基层组织自救工作

在处置突发事件过程中，需要调动相关人力资源，比如进行宣传动员、组织群众开展自救和互救等。居民委员会和村民委员会作为基层性的群众自治组织，有义务也有能力通过上述途径协助维护社会秩序。基层自治组织作为基层性的群众自治组织，并非一级地方政权，在突发事件发生时，其任务主要是协助政府，做好以下几项工作：

（1）进行宣传动员。

依据《居民委员会组织法》和《村民委员会组织法》规定，宣传动员是基层自治组织法定的任务之一。在突发事件发生时，宣传和动员能够让群众认识到突发事件的性质和危害程度，为人们集中力量处置突发事件提供精神支持。

（2）组织群众开展自救和互救。

自救和互救是降低突发事件危害的有力措施。在突发事件发生时，由基层自治组织来组织群众开展自救和互救，有组织性和秩序性，能够取得较好的救助效果。

（3）协助维护社会秩序。

社会秩序是个体利益的集中体现。在突发事件中，良好的社会秩序有利于突发事件的及时解决和灾后的生产、生活的恢复。

四、提升职工代表应对突发事件的心理干预能力

1. 突发事件中的一般心理特征

（1）概念。

面对同一突发事件，不同的个体因为年龄、性别、认知、经历、训练水平、心理素质等方面的差异，会呈现出不同的心理反应。但是，由于突发事件具有突然性、深远的影响性、大规模的破坏性等共同特征，所以职工群众在突发事件中又会表现出一些具有规律性的共同或一般心理特征。

（2）类型。

①警戒或叫防范心理。公众面对外界的刺激和威胁时，为避免受到伤害和损失，会本能地寻求和采取有效的防范措施。

②从众。俗称“随大流”，指公众由于受到团体压力等因素的影响而在知觉、判断、信仰或行为上与多数人趋于一致的现象。突发事件中的从众，大多属于一种盲目从众，即盲从。盲从指不问是非地附和别人。在突发事件中，盲从是一种普遍存在的心理现象，它是职工群众在突发事件影响下的一种非理性的心理反应。由于突发事件具有突发性、不可预测性和不确定性，职工群众对突发事件可能认知不足或者根本无知，所以职工群众在突发事件中，极易受到他人的行为和情绪的影响，往往不假思索就盲目地跟从附和多数人的意见。

③过度防范即过度心理防范。心理防范是人的一种本能的适应性反应。人们总是有意无意地运用心理防范来避免精神上的痛苦与压抑。适度的心理防范不仅对于预防和治疗身心疾病具有重要的调节作用，而且对于应对突发事件也有着重要的避险与调适作用。但如果人人自危，就会形成过度心理防范。过度心理防范是一种病态心理，其表现为妄想、惊恐、退缩或歪曲现实等。

④焦虑。在突发事件中，特别是当职工群众的生命和财产安全受到威胁时，会对即将来临的、可能造成危险或威胁的事产生紧张、不安、忧虑、烦恼等不愉快的复杂情绪状态。这种焦虑属于状态焦虑（或情景性焦虑），某种意义上是一种自我保护。但严重的焦虑会影响身心健康。焦虑者或许并未面临危险，也未受到伤害，但却能体验到一种类似恐惧的心理。

2. 一些职工代表应对突发事件的心理盲区

（1）事前的侥幸心理。

很多突发事件都是由不起眼的“小事”“琐事”引起，然而，正是这些“小事”“琐事”的背后往往潜藏着自然灾害的端倪和社会发展中的矛盾和问题。一些职工代表平时习惯于抓所谓的“大事”“正事”和面子事，对“小”问题不愿意抓，也不屑于抓，对矛盾转化和发生性质突变的可能性认识不足。正是这种侥幸心理导致个别干部对“小事”抱着无所谓的态度，不抓早、不抓小、更谈不上抓实抓好，在苗头出现和事件发生初期放任不管或一味堵压，错过了解决问题的最佳时机，导致矛盾不断积累，最终是“小事拖大，大事拖炸”。

（2）事中的焦虑情绪。

常规状态下，无论是职工群众，还是职工代表，都比较容易选择理性的和合法的方式处理问题。但在突发事件发生时，公众容易情绪激动，参与者中感性与理性、狂热与温和、思考与宣泄、极端与适度的情绪相互交织，往往使单纯的个体或群体冲突呈现出混乱和无序化态势。在对一些处理过突发性事件职工代表的访谈中，大多数职工代表承认自己遇到突发性事件或公共危机时会出现紧张和不安，有的还伴有头晕、胸闷、心悸、出汗等躯体症状，甚至危机过后很长时间还无法从这种情绪中走出来，经常会从噩梦中惊醒，容易建立刺激一反应的错误联结，心里很不踏实，总感觉随时都会有什么不好的事情发生。

（3）事后的懈怠心理。

作为职工代表，一方面应将突发性事件的发生作为一面“镜子”，以此作为体制改革、机制创新和制度完善的重要参照；另一方面也要将突发事件的发生作为社会存在隐忧的一个信号，以此作为转变工作作风、创新工作方法的。然而，一些职工代表在事件过后不仅没有从中认真总结教训，亡羊补牢，而且还存在着明显的认知偏差和懈怠情绪，将突发性事件的发生归结为公众的“刁民心态”和不可抗拒的天灾，还有的将事件的发生归结为自己运气不好，认为别的地方、别的官员未必好到哪里，自己撞上了只能自认倒霉。在这样的心态支配下，个别官员出了事东奔西忙，疲于应付，一旦事件平息下来，就马放南山，一切照旧，甚至对已经承诺的事情也推三阻四，消极应付。

3. 正面心理干预措施

为有效应对突发性事件，职工代表既要从科学发展的高度，构筑制度化、规范化、程序化、法制化的危机防控体系，建立化解突发事件的长效机制，又要从提高自身素质和能力入手，在增强判断能力、组织协调能力和沟通交流能力的同时，强化心理素质，提高事前疏导、事中化解和事后总结的能力，真正从源头上和根本上减少突发性事件的发生。种种心理问题会对突发事件的控制、处理产生较大的负面影响，因此，在突发事件的防范机制中，应重视和发展针对心理恐慌的突发事件干预机制。

（1）要通过宣传和教育，让职工群众对可能发生的或已经发生的突发事件形成一个正确的认识。

选择职工群众容易接受的信息传播方式，多渠道、全方位地对突发事件进行报道，以引起人们的重视。以往一些组织管理者由于担心负面消息造成社会震荡，片面强调正面报道。殊不知，越是不报道负面新闻，职工群众对负面事件就越是缺乏心理承受能力。一旦负面事件溢出有关部门的掌握之外，就会造成更大的心理恐慌。正确的做法应该是及时主动地发布信息，并跟踪舆论，适时进行引导。不能消极地期待“职工群众的眼睛是雪亮的”，也不能消极地等待“流言止于智者”，而应加大宣传教育等干预力度，防止一旦出现突发事件而导致大规模的社会恐慌。

（2）对直接卷入突发事件的人给予物质和精神上的帮助。

人在恐慌的时候往往不相信自己，觉得自己没有力量来应对风险，这时人们更愿意相信他人，去寻求一种归属感，去寻求团体的力量，包括来自亲人的、朋友的或社会的，希望得到社会的支持和他人的帮助，觉得自己是有人帮助的，可以与更多的人一起面对困难，自己的心理压力就会减小。虽然这只是一种心理作用，却对人们减小心理恐慌、树立正确的态度非常有帮助。同时，给予遇灾职工群众物质上的支持，帮助他们渡过难关。

（3）对职工群众进行心理疏导，缓解心理压力，增强必胜信心。

心理宣传是一种有意识的心理控制过程，最理想的宣传就是针对当时当地所发生的事件，抓住人们强烈的心理要求，开展定向的心理宣传攻势。要利用人们对专家、权威的崇拜、信赖、顺从等心理，充分发挥专家、权威的“名片”效应和劝导作用，帮助人们消除心理上的障碍，调节和恢复心理上的平衡。逐步建立起像物质救灾那样完备、有效的心理救灾的对策和措施。从小的方面说，各级管理者要做好细致的思想政治工作，宣传有关政策和知识，耐心地解决职工群众的实际困难。在做这些工作时，不能动辄采取高压政策，上纲上线。殊不知，恐慌心理是压不住的，越压越恐慌，应该考虑请专业的社会工作人员和心理治疗人员介入。从大的方面讲，公共管理机构必须加强突发事件公关技巧才有利于克服社会恐慌。所谓“突发事件公关”是指为了保持秩序和稳定而采取的各种必要的心理干预策略，不能简单地理解为“作秀”“玩花样”。

(4) 加强对公众的道德教育。

公众的道德意识在应对突发事件中有着重要的作用。在突发事件中我们每个人都是当事人，每个人都是战士，有时一些措施是为了自己，也是为了别人。我们没有更多的选择余地，我们只有同心协力。外在再严厉的惩罚，也难保百密而无一疏，所以关键还在于每个公众在为自己达到眼前利益和方便考虑之外还要考虑自己的长远利益，想想他人和社会的利益，才能够自觉遵从要求。在危急关头，战胜危机不仅系于组织的行为能力，更系于个人的道德素质。因而应大力加强对公众的道德教育。

五、提升职工代表应对突发事件的舆情处置能力

1. 把提升舆论引导能力放在突出位置

(1) 网络舆情的特点。

①信息传播速度上的“零时间”。“烽火连三月，家书抵万金”，形象地描述了农耕社会家书之珍贵，也说明了信息传递之缓慢和艰难。工业社会的电话、电视、报纸等传播媒体的出现，使信息传播速度大大加快。到了因特网时代，信息传播“瞬发即至”，实现了信息传播速度上的“零时间”和实时性。

②信息传播空间上的“零距离”。传统的社会舆情往往局限于一定的地域空间之内。因特网打破了地域空间上的篱笆，信息传播实现了地域空间上的“零距离”，实现了社会舆情的广覆盖、全方位。

③网民身份上的“零界限”。在网络虚拟社会里，任何人、任何组织可以不顾及被发现其真实身份，而不受过多限制地表达自己的意见和态度，这就使网络舆情既有广泛的包容性，又使虚假有害信息、错误观点充斥其中，对职工群众思想认识产生误导，给社会发展带来一定不良影响。

④监督力度上的“零容忍”。网络作为信息集散地和社会舆论放大器，对某

一中介性社会事项产生的舆情，将该事项的信息“一网打尽”，无所不包，甚至个人隐私、国家秘密也公开在网上传播，网络舆情的监督范围可谓是“零遗漏”。网络舆情的监督力度更表现在“打破砂锅问到底”式的“零容忍”，直至所监督事项得到满意答复或是平息解决，否则，绝难善罢干休。

（2）提高舆论引导能力是职工代表的必修课。

网络舆情具有扩散快、影响力广泛等特点，如果不及时发现、及时引导，就有可能让负面的、错误的舆论占据主导，造成严重后果。领导干部一定要用积极的科学的眼光来对待网络舆情，让网络成为畅通民意、传播科学知识和资讯、促进社会和谐发展的重要工具。

获取职工群众支持不能仅靠舆论导向的正确性和坚定性，还必须具有引导的有效性和公信力。

当今世界，已经不是“我说你听”的时代，而是“我们都在说”的时代。互联网等新技术革命带来的变革，使中国社会的舆论生存机制和传播机制发生了重大的变化，传统主流媒体原有的“天赋特权”面临前所未有的全新挑战。在新的舆论格局中，主流媒体只是多种多样声音里的一部分。这个时代，也不再是单一的舆论场，形成的是一个利益多元、思想多样、生活方式多变的态势。这个时代，经济体制在深刻变革，社会结构在深刻变动，利益结构在深刻调整，思想观念在深刻变化。伴随这种变化，社会思想和意识形态出现多元化格局是必然的。

其实，职工代表不能仅靠舆论导向的正确性和坚定性，同时也要靠舆论引导的有效性以及公信力来获得职工群众的认同。实际上就像胡锦涛总书记在视察人民日报社时所说的：要更加注重舆论引导的权威性、公信力、影响力。不论是对于各级党政部门、传统媒体还是党员干部来说，都应当“把提高舆论引导能力放在突出位置”，既要有导向的正确性和坚定性，还要有引导的影响力和公信力，唯有如此，才能更好地完成自身使命，促进社会主义工运事业的兴盛。

（3）网络舆情应对能力是职工代表能力之一。

发展社会主义民主政治客观上要求各级党政机关和领导干部倾听民意、敬畏民意，真诚地回应民意。网络舆论出自社会各个基层，特别是最基础的“草根”阶层，在一定程度上有广泛的代表性，是“原汁原味”的民意。所以，网络舆情应对能力其实只是“标”，背后代表的“本”是地方政府及各种组织所急需不断改善和提升的执政能力。必须清醒地认识到，民意在每一环节上的被冷落与搁置，都可能导致舆情能量的聚集。一旦有突发公共事件发生，职工代表应该以新的理念、新的思维处置事件，采取科学的专业的手段化解问题，最大限度地及时、准确地公开信息，对网民反映集中而强烈的问题做出积极、迅速的回应，以透明和务实的姿态赢得网民的理解和支持。只有这样，工会才真正是在维护群众权益、维护社会和谐稳定。

（4）网络舆情应对能力最终影响着职工代表的公信力。

公信力和执行力是政府和工会组织的生命力，也是竞争力。如果说，工会在突发事件和敏感问题上一味缺席、失语、妄语、诳语，不仅无益于缓和事态、化解矛盾，还会使事件越来越复杂。应该看到，《关于实行党政领导干部问责的暂行规定》既是对我国面临的高速发展、深刻变化、深度转型的社会现实的反映，也是网络舆情持续呼吁和问责的结果，更是给政治组织、政权机关和从政人员带来的新挑战和新课题。职工代表也应该认真反思、认真落实。职工代表面对社会公民化、利益多元化、生活多样化、传播现代化的现实过程中，在处置危机、处理公共事件、善待网民、应对网络舆情等方面，怎样适应、学习、创新工作。

2. 开展网络舆论引导工作的原则

工会组织要切实发挥“大学校”作用，广泛进行社会主义核心价值体系教育，深入宣传政策法规和形势任务，培养适应新时期要求的，有理想、有道德、有技能的现代职工队伍，除了要做好传统宣教工作外，还要根据以下原则正确引导网络舆论向积极的、和谐的方向发展。

（1）必须体现法制性原则。

利用网络优势实施职工普法宣教工作，通过互联网开展网络法律知识问答、网上学法、维权案例分析等，不断提升广大员工学法、知法、守法的意识和能力。

（2）必须把握正面性原则。

职工代表要充当法律法规政策的宣传员、讲解员，对相关政策法规不了解的职工，要耐心解释教育，解读相关条款；对政策法规理解存在偏差的职工，要坚持因势利导、循序渐进的引导教育模式，帮助其重新正确认识；对个别胡搅蛮缠、混淆视听的职工，要加以利害分析，告知对恶意制造不良网络舆论，造成重大影响的，也会受到法律的追究和惩罚。需要强调的是：实施网络舆论引导过程中，不可表现出明显的教育目的，机械的教育内容并以主观臆断代替客观事实，势必犯教条主义的错误，其效果也必然大打折扣。

（3）必须坚持时效性原则。

网络舆论形成速度惊人，可在很短的时间内成为全民关注的焦点，也可能成为某类矛盾爆发的导火线，因此对于网络舆论的疏解和引导，要做到及时反馈、处理得当。坚持网络舆论引导的时效性，要建立健全相关应对机制，使引导者能及时地作出回应，疏导民意，争取在舆论引导过程中占据主动和有力的地位。

（4）必须注重柔和性原则。

职工代表要转变角色，主动适应网络社会对引导工作提出的要求，以宽松的态度和柔和的手段与职工进行交流。即使面对情绪化严重的意见和评论，也不要采取简单的批评或断然否定的强硬态度加以制止，更不能对带有不好苗头的文章一概删除，这样简单粗暴的做法只会招来更为激烈的、带有目的性的舆论攻击。

3. 提升职工代表同新兴媒体打交道的能力

（1）党和国家一贯高度重视新兴媒体的作用。

马克思深刻认识到舆论在社会变革和夺取政权中的巨大作用，他曾指出：大凡需要变革现实的任何阶级、集团或政党，都必须占有和运用舆论工具这一斗争武器。

毛泽东早在革命战争年代就强调："共产党是左手拿传单，右手拿枪弹才可以打倒敌人的。"

邓小平提出："宣传工作就是一切革命工作的粮草。"

江泽民指出："舆论导向正确，是党和人民之福；舆论导向错误，是党和人民之祸。"

在2008年全国宣传思想工作会议上，胡锦涛强调："各级领导干部要充分认识新闻舆论的重要作用，善于通过新闻宣传推动实际工作，热情支持新闻媒体采访报道，正确对待舆论监督，提高同媒体打交道的能力。"2008年6月，他在人民日报社考察工作时，与人民网的网友在线交流，实现了党和国家领导人与网民的"面对面"，被舆论称为历史性的"拥抱网络"。

2009年3月，习近平在中央党校春季学期开学典礼上强调，领导干部要提高六个方面的能力，其中一条就是要提高同媒体打交道的能力。新形势下，各级领导干部必须把提高同媒体打交道的能力，作为加强执政能力建设的重要内容来对待，作为履行肩负职责的重大课题来把握。

英国前首相布莱尔说：我们今天的大部分工作量，不管是按重要程度计、按时间计、按精力计，除了最核心的决策之外，其他几乎都是在和媒体打交道。

美国班尼特教授说："在当今时代，处理媒体关系，已经从原来的通过个人的聪明才智就能驾驭的一门艺术，变成需要训练有素的专业人员来把握的一门科学。"正确掌握与媒体打交道的方法和技能，已经成为世界各国政府官员从事公共管理不可或缺的重要素养。西方国家的政客、官员们从进入政坛的第一天起，就开始了和媒体打交道的历程，他们知道赢得了媒体才能赢得选票，从参加竞选到任期结束，应对媒体是官员政治生活的重要内容，与媒体打交道的本领可以说是他们天生具有的看家本领。

长期以来，我国媒体是行政机构的延伸，政府用行政命令就可以指挥媒体，没有如何与媒体打交道的问题。因此，以往的职工代表培训没有专门教职工代表如何应对媒体的课程，尤其是没有一门学科可以提供这方面的培训。这些都是造成职工代表在应对媒体时表现出本领危机的重要原因。

职工代表想影响广大职工，影响社会，必先影响媒体。运用媒体来引导舆论、化解矛盾、凝聚人心，既是职工代表的重要职责，也是开展工会工作的有效途径。只有善于与媒体打交道，学会适应在媒体关注、舆论监督下开展工作，给予媒体更多的信任、理解和支持，才能使工会组织与党和政府、媒体以及职工群众三者之间形成良好的沟通，推动工会各项工作顺利开展。

（2）在实践中不断提高与媒体打交道的能力。

在现代媒体发生革命性变革的背景下，职工代表不能再用传统的思维方式来对待媒体，而是要充分认识媒体的作用，摆正与媒体的关系，在实践中不断提高与媒体打交道的能力。学会同媒体打交道，要在以下四个方面下工夫：

一是要重新认识媒体。随着社会的发展，媒体发生了很大的变化。社会和政府的转轨变型，更加凸显了媒体在社会管理中的地位和作用。发展模式的转换，要求媒体成为构建和谐社会的促进者，执政党的建设提出了新闻执政的要求。媒体是党、政府和人民的喉舌，是社会信息传播的主渠道，是公众民意的舆论反映，是知识、文化、价值观的大学校，是政府公共管理的重要资源和工具，是社会监督的哨兵，是老百姓娱乐的场所，是文化产业的支柱，是中国文化走出去的桥梁。

二是要高度重视媒体，善于借助媒体。发挥媒体积极的建设作用，是关系党和政府执政能力建设的重要环节。职工代表要树立强烈的责任意识，要增强应对意识，提高同媒体打交道的能力和水平，要重在策划，借媒体之力做好正面宣传；重在“督辅”，借媒体之力做好舆论监督；重在民意，借媒体之力做好工会政策调查；重在设计，借媒体之力做好工会形象塑造。

三是要主动引导媒体。通过新闻议程，用议程计划来主动引导记者；通过新闻发布，把信息主动“喂”给记者；通过新闻预案，把政策解释事前准备给记者；应对突发事件，把通稿在第一时间分享给记者；通过横向沟通，把换位思维传递给记者；通过激励机制，鼓励媒体弘扬时代主旋律。

四是要学会认真善待媒体研究媒体。新闻和宣传既有联系又有区别，不能简单地用管宣传的方法去管新闻。职工代表和网络媒体要相互理解，相互合作，谋求双赢。

职工代表既要通过媒体了解社情民意，又要牢牢掌握舆论引导权；既要让媒体为我所用，又要为媒体提供服务；既要尊重媒体的新闻自由，又要防止媒体权力的异化；职工代表要处理好与媒体的关系，必须认真研究媒体，掌握媒体规律，善于应对挑战，真正与媒体建立良性互动、合作共赢的关系。

第十章

案例分析

案例一　追回120万社保金后　4名职工代表私分40万

案例二　牛某等与西安某会展有限公司工亡待遇纠纷

案例三　食品学院发挥教职工代表大会在青年教师成长中的作用案例分析

案例一　追回120万社保金后　4名职工代表私分40万

因工厂改制前对职工社保等存在遗留问题，4名职工代表在经过多方努力后，终于为大家争回了120万元补偿款。但4代表竟先捞取了一笔钱后，才将剩余的钱分发给工人。此事被尘封两年后终于东窗事发，175名职工集体自诉。2005年10月18日，这起引起当地高度关注的非法侵占案，在四川崇州法院终于尘埃落定，4名代表不仅交出非法所得，还各领刑两年半。

事由

代表职工追款暗留“辛苦费”

18日下午2时许，崇州法院门口聚集了数百市民，他们脸上都写满了兴奋之情。70岁的桑修武摇着头感叹道：“盼了近半年，今天终于有个结果了。”据桑修武介绍，他是崇州某配件厂职工，该厂原有职工200多人，于2000年改制被原法定代表人徐贵忠购买。事后，工人们发现，该厂为他们少缴了3年社保金，同时，徐贵忠还擅将原厂债权收回占为已有。工人们在一番商议后，推选出原厂职工程玉清等4人为代表，向有关部门反映了情况。此事引起崇州市政府领导关注，在市政府相关领导协调下，程玉清等人与徐贵忠很快达成协议，由徐支付全体职工120万元补偿款。

但是，程玉清等人通过不正当途径，将这笔补偿款转移到个人账户上，然后隐瞒实际收支金额，在各分得10万元“辛劳费”后，再取出25.3万元分发给原厂16名职工，其中有4人各分得2.5万元补偿款。这一切处理妥当后，程玉清等才召开职工大会，将余下的54.7万元按1500元至4500元不等标准，分发到连他们在内的部分职工手中。4名代表由此各分得104500元。

事发

老板意外吐露4名代表被捕

2005年5月，徐贵忠因他案事发，在接受公安机关调查时吐露了该笔款项之事。此消息很快在该厂原职工中炸开了锅。随后，175位职工联名并各出资50元办案费，推选董启玉等4名代表向法院递交了诉状，要求法院追究程玉清等4人侵占罪并追回赃款。

8月10日，崇州法院对此案公开审理，4名代表随后被逮捕，既而被取保候审。庭理中，控辩双方围绕程玉清等4名被告此前是否代表全体职工利益，120万元补偿款的分配方案是否是徐贵忠授意，4名被告行为是否构成侵占罪等焦点在庭上展开争论。慑于法律威严，4名嫌犯很快交代出了自己的犯罪事实，并先后各退出了非法所得的10万元。

判决

侵占职工资金4嫌犯获刑

18日下午2时，崇州法院开庭宣判，容纳近300人的审判大厅座无虚席。法庭审理认为，4嫌犯在代表该厂全体职工收到徐贵忠支付用于解决原厂遗留问题的120万元补偿金后，向职工们隐瞒了资金总额，将其中60余万元用于4名被告及他人分配，4名被告人的犯罪金额各为10万元，属数额巨大，情节恶劣，款项分配与徐贵忠无关，4名被告已触犯刑法。鉴于4名被告已退出了全部非法所得，并有悔罪表现，遂依法对4名嫌犯判处有期徒刑2年6个月，各处缓刑3年，各处罚金5000元。

案例二　牛某等与西安某会展有限公司工亡待遇纠纷

【法律文书】 西安市雁塔区劳动争议仲裁委员会裁决书（2012年6月）
西安市雁塔区人民法院民事判决书（2012年12月）
西安市中级人民法院民事判决书（2013年4月）

【亮点】 此案属于工伤与交通事故竞合“双赔”案件——特大交通事故死亡五人，五家全部委托余伟安律师代理交通事故民事赔偿诉讼及工伤待遇索赔。这起系列案是余伟安律师这几年来代理的众多工伤与交通事故竞合双赔偿案件之一，大多数案件在仲裁阶段很难取得好的裁决结果，一般都是在法院才有可能取得突破。所以此案典型意义已经不在于双赔偿本身，而在于是劳动仲裁支持“兼得”观点，完全按照《工伤保险条例》规定裁决，并没有按照西安市地方法规《西安市工伤保险实施办法》第三十二条的补差规定裁决。这在西安各劳动仲裁委裁决的案件中并不多见。

【案情概要】 朱某等五人均为西安某会展公司员工，但五人都没有签订书面劳动合同，没有办理工伤保险。2011年6月某日朱某等五人乘坐公司车辆因公出差，车辆行驶至京昆高速汉中某段发生交通事故，朱某等五人死亡。经安康市公安局交警部门认定朱某等五人均无事故责任，另一半挂货车承担全部责任。2011年8月某日，西安市人社局针对朱某等五人做出工伤认定书，认定朱某等五人均为因工死亡。同日，朱某等五名死者的家属向西安某会展公司提出工伤索赔请求，但西安某会展公司却表示自己经济困难加之损失过高只能先各支付部分款项，随后按照法律规定赔偿，并当场出具书面郑重承诺书，内容为“某某公司郑重承诺自本承诺书签字盖章之日起20天内出具A某、B某、C某、D某、E某五位员工工亡认定结果，然后每位工亡员工家属各自提出仲裁请求，公司承诺严格按照劳动仲裁裁决书无条件给每位员工家属支付裁决书的全部款项。某某公司如不执行，承担全部法律后果。裁决执行完毕，双方再无争议。”承诺书加盖公司公章、法定代表人私章，有公司代表及代理律师签字。承诺书出具后，该公司对于该起事故就不再过问，五名死者的家属只能靠自己去安康维权。由于路途遥远加之半挂车方经济能力有限，五方死者家属的交通事故维权之路举步维艰。随后，五方死者家属找到公司要求严格按照国务院行政法规《工伤保险条例》的规定支付工伤待遇，但公司却表示只能按照西安市政府地方法规《西安市工伤保险实施办法》第三十二条“工伤事故兼有民事赔偿（包括交通事故）的，先按民事赔偿处理，赔偿金额低于工伤保险待遇标准的，其差额由工伤保险基金补足”的规定执行，在交通事故民事赔偿处理前不再支付任何赔偿，并坚持要通过法律程序解决。无奈之下，五方死者家属找到余伟安律师请求法律帮助。随后余伟安律师代理五方死者家属提起劳动仲裁，经过努力维权成功，劳动仲裁委依法支持了五方死者家属的要求全额工伤待遇的劳动仲裁请求。领到劳动仲裁裁决书后，五方死者家属到公司请求兑现之前出具的《郑重承诺书》，然而又被公司拒绝。五方死者家属万万没有想到，公司写的《郑重承诺书》成了一纸空文。随后公司向法院提起民事诉讼，想要推翻劳动仲裁裁决内容。开庭过程中，公司代理人胡搅蛮缠，百般推脱。按照公司代理人的意思推算，公司出具《郑重承诺书》当时主要是应急之举，而且过于自信，以为劳动仲裁委会以《西安市工伤保险实施办法》第三十二条规定来判决。结果在余伟安律师努力下，劳动仲裁委按照《工伤保险条例》规定进行裁决，并没有按照西安市地方法规《西安市工伤保险实施办法》第三十二条裁决，这让公司大失所望，以至于公司无所适从只能胡搅蛮缠了。一审过程中，余伟安律师认为一审的焦点问题已经不是“兼得”和“补差”的法律适用问题了，而变成用人单位承诺是否具有约束力的问题了。

最终，一审法院采纳了余伟安律师的辩论意见，认为《郑重承诺书》是双方真实意思表示，具有民事合同的法律效力，应当履行，并判决公司支付五方死者家属全额工伤待遇，驳回了公司的所有诉讼请求。尽管，之后公司又提起了上诉，但还是徒劳，西安中院维持原判，驳回公司上诉。生效的判决已经进入执行程序。

案例三　食品学院发挥教职工代表大会在青年教师成长中的作用案例分析

食品学院是一个有着悠久历史和光荣传统的学院，曾第一个获批我国农产品加工工程博士点；但食品学院又是一个“年轻”的学院，在所有68位教职工中，40岁以下的青年教师占三分之二以上。青年教师是一个奋发向上的团体，青年教师在成长过程中往往会遇到一些困难和“烦恼”。多年来，食品学院党委一直注意发挥二级教代会及分工会在青年教师政治思想教育中的作用，关心帮助他们，鼓励他们快速地成长。

【案例】学院青年教师较多，他们困难和意见也较多，如何让他们的意见建议通过正规途径反映到学院，并帮助他们、鼓励他们、重用他们，是摆在学院党委面前的重要课题。经讨论，学院党委决定发挥教职工代表大会的作用，解决这一问题。采取会前通过提案反映问题，会中制订文件激励青年教师的积极性，会后全方位关心青年教师的成长的“三段”解决模式。

1. 会前通过提案反映问题

学院每次教代会前，要预发通知，号召青年教师对学院学校建设发展献计献策，有什么意见建议向学院反映。每年教代会都要收到几十份提案。学院领导非常重视青年教师的提案，对每份提案都认真研究，对其中可行的提案尽快研究措施并实施，对不具备条件实施的提案则做耐心细致的解释。

2. 会中制订文件调动青年教师的积极性

学院教代会先后制订了一系列调动激励青年教师的积极性的文件，如：《食品与生物工程学院教学科研奖励办法》《食品与生物工程学院关于教学、科研岗位考核办法的实施意见》等。教代会期间学院还积极宣传学校及学院“十一五”规划目标等，并号召行政管理和实验室老师树立为教学科研服务的思想，鼓励教职工在“三育人”活动中争先创优。这些措施充分调动了广大教师在教书育人和科学研究中的积极作用，学院青年教师开拓进取、勇于奉献，在教学科研及服务社会中发挥重要的作用，为学院的发展做出了应有的贡献。

3. 会后全方位关心青年教师的成长

（1）倾听青年教师合理诉求，修改对青年教师的考核办法

2008年出台了《食品与生物工程学院关于教学、科研岗位考核办法的实施意见》，部分青年教师感觉有些条款不太合理，学院领导经过反复讨论，充分考虑年轻人的承受力和发展空间，决定修改考核办法，使青年人教学科研更有弹性，这一人性化的措施深得人心，保证了学院的健康和谐发展。

（2）坚持“三必看”，从生活方面关心青年教师

多年来，学院领导和院分工会坚持看望生孩子的教师、生病的教师及父母去世的教师。虽然每次看望带的礼品并不多，但它代表的是集体的关怀，使青年教师倍感温暖。通过“三必看”，也增强了青年教师对学院的认同感和集体观念。

（3）组织开展丰富多彩的文化娱乐活动及体育运动，活跃青年教职工的精神文化生活

为了缓解青年教职工的身心压力，院分工会组织了乒乓球队、篮球队，排球队等，组织学院教职工篮球队、乒乓球队、排球队等定期训练比赛，并与学生篮球队举行友谊赛。

【案例评析】

青年人朝气蓬勃，思维活跃，处于科研创新的黄金时期。青年人代表着一个集体的未来和希望。发挥青年教职工的工作积极性对于学院的可持续发展起着重要的作用。校教职工代表大会是根据《中华人民共和国工会法》《中华人民共和国教师法》《中华人民共和国高等教育法》的有关规定，依照教育部《高等学校教职工代表大会暂行条例》和江苏省教育厅《关于进一步健全和完善高等学校教职工代表大会制度的意见》等法律法规的要求，参与学校民主管理、民主监督，更好地保障与维护教职工的合法权益，促进学校改革、发展和稳定。

1. 学院二级教代会是校教代会的有力补充

学院二级教代会参与性强，我院全体教职工均参加。是校教代会的有力补充，是学院管理体制的重要组成部分，是院党委领导下教职工行使民主权利的重要形式，也是院领导同教职工进行民主协商的重要渠道。学院二级教代会充分调

动了教职工的积极性、主动性和创造性，认真完成学校、学院各项任务，为全面实现年度和“十二五”目标以及为实现教职工个人的全面发展起了重要作用。

2. 二级教代会为青年教师大显身手提供了重要平台

食品学院一贯重视教代会制度，教代会通过一系列文件，如《食品与生物工程学院教学科研奖励办法》等；闭会期间院党委、分工会主动联系代表及广大教职工群众，倾听各种意见和建议，解决各种问题。这些举措为广大青年教师搭建了良好的平台，由此形成的团结向上的氛围使学院青年教师茁壮成长，在教学科研等工作中大显身手。

目前，学院四十岁以下的青年教师中有超过一半的教师以主持人的身份承担国家自然科学基金、“863”计划、中国博士后科学基金、教育部留学回国人员科研启动基金、江苏省自然科学基金等省部级及国家级项目，一些青年教师主持的科研项目还获得省部级科技进步奖。另外，在教学实践及教育教学改革中，我院青年教师也发挥着重要的作用。据统计，在近五年时间内食品学院所获得的江苏大学优秀教学成果奖、江苏大学优秀教学质量奖中，80%以上的获得者是40岁以下的青年教师。

3. 身心健康是各项事业发展的保障

目前学校正处于快速发展的关键时期，学校对青年教职工也提出了较高的要求。部分教职工在工作上感受到一些压力，出现了身心不健康的苗头，并影响了工作。为了缓解青年教职工的压力，在学院党委的领导下，院分工会开展丰富多彩的业余文化活动，使教职工在紧张繁重的教学、科研、管理工作中，生活得到调解，精神得以放松。如配合校工会认真组织广大教职工参加学校、学院开展的各项文体活动。无论是田径运动会、乒乓球比赛、篮球比赛、登山活动还是排球比赛都能看到我院青年教职工奋力拼搏的身影，都能感受到我院青年教职工朝气蓬勃、团结向上的精神风貌。除了组织青年教职工参加学校组织的各项文体活动、比赛之外，学院分工会还组织“迎新年青年教职工文艺晚会”，组织学院教职工篮球队、乒乓球队定期训练，并与学生队举行友谊赛等。

正是有了食品学院教代会制度及党委、分工会的一系列关心帮助青年教师成长的措施，充分调动了青年教师的工作积极性，活跃了青年教职工的精神文化生活。青年教师团结合作，奋力拼搏，在教学和科研上取得了不俗的成绩。近年来，一些青年集体及个人脱颖而出，入选学校及更高层次人才培养对象名单、获得学校及更高层次的荣誉称号：张红印老师和邹小波老师入选江苏省“青蓝工程”优秀骨干教师培养对象、江苏大学“拔尖人才工程”优秀青年学术骨干培养对象；生物技术系被评为第二届“江苏大学青年文明号”集体；学院以青年教师为主体的分工会组织被评为2009年度江苏大学优秀分工会；邹小波老师获得江苏省“新长征突击手”及江苏大学“十佳青年教职工”荣誉称号；王云老师获得镇江市“新长征突击手”称号；王振斌老师获得江苏大学“新长征突击手”称号；邹小波博士的学位论文获得“全国优秀博士学位论文”，陈全胜博士的学位论文获得“全国优秀博士学位论文”提名奖；曲文娟博士荣获第17届世界农业与生物工程学会（CIGR）世界大会颁发的青年才俊奖，全世界仅有3位青年学者获得此殊荣；以青年教师为主的生物技术党支部获校先进基层党组织荣誉称号等。

相信，只要充分利用教职工代表大会会前通过提案反映问题，会中制定文件调动青年教师的积极性，会后全方位关心青年教师的成长的“三部曲”，一定能使学院更多的青年教师健康快速成长，为食品学院的发展提供了源源不断的新的动力。

附　录：

1 中华人民共和国工会法（节选）

（1992 年 4 月 3 日第七届全国人民代表大会第五次会议通过，根据 2001 年 10 月 27 日第九届全国人民代表大会常务委员会第二十四次会议《关于修改〈中华人民共和国工会法〉的决定》修正）

第二条　工会是职工自愿结合的工人阶级的群众组织。

中华全国总工会及其各工会组织代表职工的利益，依法维护职工的合法权益。

第三条　在中国境内的企业、事业单位、机关中以工资收入为主要生活来源的体力劳动者和脑力劳动者，不分民族、种族、性别、职业、宗教信仰、教育程度，都有依法参加和组织工会的权利。任何组织和个人不得阻挠和限制。

第四条　工会必须遵守和维护宪法，以宪法为根本的活动准则，以经济建设为中心，坚持社会主义道路、坚持人民民主专政、坚持中国共产党的领导、坚持马克思列宁主义毛泽东思想邓小平理论，坚持改革开放，依照工会章程独立自主地开展工作……

第六条　维护职工合法权益是工会的基本职责。工会在维护全国人民总体利益的同时，代表和维护职工的合法权益。

工会通过平等协商和集体合同制度，协调劳动关系，维护企业职工劳动权益。

工会依照法律规定通过职工代表大会或者其他形式，组织职工参与本单位的民主决策、民主管理和民主监督。

工会必须密切联系职工，听取和反映职工的意见和要求，关心职工的生活，帮助职工解决困难，全心全意为职工服务。

第七条　工会动员和组织职工积极参加经济建设，努力完成生产任务和工作任务。教育职工不断提高思想道德、技术业务和科学文化素质，建设有理想、有道德、有文化、有纪律的职工队伍。

第九条 工会各级组织按照民主集中制原则建立。

各级工会委员会由会员大会或者会员代表大会民主选举产生。企业主要负责人的近亲属不得作为本企业基层工会委员会成员的人选……

第十条 企业、事业单位、机关有会员二十五人以上的，应当建立基层工会委员会；不足二十五人的，可以单独建立基层工会委员会，也可以由两个以上单位的会员联合建立基层工会委员会，也可以选举组织员一人，组织会员开展活动。女职工人数较多的，可以建立工会女职工委员会，在同级工会领导下开展工作；女职工人数较少的，可以在工会委员会中设女职工委员。

企业职工较多的乡镇、城市街道，可以建立基层工会的联合会。

县级以上地方建立地方各级总工会。

同一行业或者性质相近的几个行业，可以根据需要建立全国的或者地方的产业工会。

全国建立统一的中华全国总工会。

第十一条 基层工会、地方各级总工会、全国或者地方产业工会组织的建立，必须报上一级工会批准。

上级工会可以派员帮助和指导企业职工组建工会，任何单位和个人不得阻挠。

第十二条 任何组织和个人不得随意撤销、合并工会组织。

基层工会所在的企业终止或者所在的事业单位、机关被撤销，该工会组织相应撤销，并报告上一级工会。

依前款规定被撤销的工会，其会员的会籍可以继续保留，具体管理办法由中华全国总工会制定。

第十三条 职工二百人以上的企业、事业单位的工会，可以设专职工会主席。工会专职工作人员的人数由工会与企业、事业单位协商确定。

第十四条 中华全国总工会、地方总工会、产业工会具有社会团体法人资格。

基层工会组织具备民法通则规定的法人条件的，依法取得社会团体法人资格。

第十五条 基层工会委员会每届任期三年或者五年。各级地方总工会委员会和产业工会委员会每届任期五年。

第十六条 基层工会委员会定期召开会员大会或者会员代表大会，讨论决定工会工作的重大问题。经基层工会委员会或者三分之一以上的工会会员提议，可以临时召开会员大会或者会员代表大会。

第十七条 工会主席、副主席任期未满时，不得随意调动其工作。因工作需要调动时，应当征得本级工会委员会和上一级工会的同意。

罢免工会主席、副主席必须召开会员大会或者会员代表大会讨论，非经会员大会全体会员或者会员代表大会全体代表过半数通过，不得罢免。

第十八条 基层工会专职主席、副主席或者委员自任职之日起，其劳动合同期限自动延长，延长期限相当于其任职期间；非专职主席、副主席或者委员自任职之日起，其尚未履行的劳动合同期限短于任期的，劳动合同期限自动延长至任期期满。但是，任职期间个人严重过失或者达到法定退休年龄的除外。

第十九条 企业、事业单位违反职工代表大会制度和其他民主管理制度，工会有权要求纠正，保障职工依法行使民主管理的权利……

第二十条 工会帮助、指导职工与企业以及实行企业化管理的事业单位签订劳动合同……

第二十一条 企业、事业单位处分职工，工会认为不适当的，有权提出意见……

第二十五条 工会有权对企业、事业单位侵犯职工合法权益的问题进行调查，有关单位应当予以协助。

第二十六条 职工因工伤亡事故和其他严重危害职工健康问题的调查处理，必须有工会参加。工会应当向有关部门提出处理意见，并有权要求追究直接负责的主管人员和有关责任人员的责任。对工会提出的意见，应当及时研究，给予答复。

第二十七条 企业、事业单位发生停工、怠工事件，工会应当代表职工同企业、事业单位或者有关方面协商，反映职工的意见和要求并提出解决意见。对于职工的合理要求，企业、事业单位应当予以解决。工会协助企业、事业单位做好工作，尽快恢复生产、工作秩序。

第二十八条 工会参加企业的劳动争议调解工作。

地方劳动争议仲裁组织应当有同级工会代表参加。

第三十条 工会协助企业、事业单位、机关办好职工集体福利事业，做好工资、劳动安全卫生和社会保险工作。

第三十二条 根据政府委托，工会与有关部门共同做好劳动模范和先进生产（工作）者的评选、表彰、培养和管理工作。

第三十三条 国家机关在组织起草或者修改直接涉及职工切身利益的法律、法规、规章时，应当听取工会意见……

第三十五条 国有企业职工代表大会是企业实行民主管理的基本形式，是职工行使民主管理权力的机构，依照法律规定行使职权。

第三十七条 本法第三十五条、第三十六条规定以外的其他企业、事业单位的工会委员会，依照法律规定组织职工采取与企业、事业单位相适应的形式，参与企业、事业单位民主管理。

第三十八条 企业、事业单位研究经营管理和发展的重大问题应当听取工会的意见；召开讨论有关工资、福利、劳动安全卫生、社会保险等涉及职工切身利益的会议，必须有工会代表参加。

企业、事业单位应当支持工会依法开展工作，工会应当支持企业、事业单位依法行使经营管理权。

第三十九条 公司的董事会、监事会中职工代表的产生，依照公司法有关规定执行。

第四十条 基层工会委员会召开会议或者组织职工活动，应当在生产或者工作时间以外进行，需要占用生产或者工作时间的，应当事先征得企业、事业单位的同意。

基层工会的非专职委员占用生产或者工作时间参加会议或者从事工会工作，每月不超过三个工作日，其工资照发，其他待遇不受影响。

第四十一条 企业、事业单位、机关工会委员会的专职工作人员的工资、奖励、补贴，由所在单位支付。社会保险和其他福利待遇等，享受本单位职工同等待遇。

第四十二条 工会经费的来源：

（一）工会会员缴纳的会费；

（二）建立工会组织的企业、事业单位、机关按每月全部职工工资总额的百分之二向工会拨缴的经费；

（三）工会所属的企业、事业单位上缴的收入；

（四）人民政府的补助；

（五）其他收入。

前款第二项规定的企业、事业单位拨缴的经费在税前列支。

工会经费主要用于为职工服务和工会活动。经费使用的具体办法由中华全国总工会制定。

第四十三条 企业、事业单位无正当理由拖延或者拒不拨缴工会经费，基层工会或者上级工会可以向当地人民法院申请支付令；拒不执行支付令的，工会可以依法申请人民法院强制执行。

第四十四条 工会应当根据经费独立原则，建立预算、决算和经费审查监督制度。

各级工会建立经费审查委员会。

各级工会经费收支情况应当由同级工会经费审查委员会审查，并且定期向会员大会或者会员代表大会报告，接受监督。工会会员大会或者会员代表大会有权对经费使用情况提出意见。

工会经费的使用应当依法接受国家的监督。

第四十五条 各级人民政府和企业、事业单位、机关应当为工会办公和开展活动，提供必要的设施和活动场所等物质条件。

第四十六条 工会的财产、经费和国家拨给工会使用的不动产，任何组织和个人不得侵占、挪用和任意调拨。

第四十七条 工会所属的为职工服务的企业、事业单位，其隶属关系不得随意改变。

第四十八条 县级以上各级工会的离休、退休人员的待遇，与国家机关工作人员同等对待。

第四十九条 工会对违反本法规定侵犯其合法权益的，有权提请人民政府或者有关部门予以处理，或者向人民法院提起诉讼。

第五十条 违反本法第三条、第十一条规定，阻挠职工依法参加和组织工会或者阻挠上级工会帮助、指导职工筹建工会的，由劳动行政部门责令其改正；拒不改正的，由劳动行政部门提请县级以上人民政府处理；以暴力、威胁等手段阻挠造成严重后果，构成犯罪的，依法追究刑事责任。

第五十一条 违反本法规定，对依法履行职责的工会工作人员无正当理由调动工作岗位，进行打击报复的，由劳动行政部门责令改正、恢复原工作；造成损失的，给予赔偿……

第五十四条 违反本法第四十六条规定，侵占工会经费和财产拒不返还的，工会可以向人民法院提起诉讼，要求返还，并赔偿损失。

2

中华人民共和国劳动法（节选）

（1994年7月5日第八届全国人民代表大会常务委员会第八次会议通过）

第三条 劳动者享有平等就业和选择职业的权利、取得劳动报酬的权利、休息休假的权利、获得劳动安全卫生保护的权利、接受职业技能培训的权利、享受社会保险和福利的权利、提请劳动争议处理的权利以及法律规定的其他劳动权利。

劳动者应当完成劳动任务，提高职业技能，执行劳动安全卫生规程，遵守劳动纪律和职业道德。

第七条 劳动者有权依法参加和组织工会。

工会代表和维护劳动者的合法权益，依法独立自主地开展活动。

第八条 劳动者依照法律规定，通过职工大会、职工代表大会或者其他形式，参与民主管理或者就保护劳动者合法权益与用人单位进行平等协商。

第十六条 劳动合同是劳动者与用人单位确立劳动关系、明确双方权利和义务的协议。

建立劳动关系应当订立劳动合同。

第十七条 订立和变更劳动合同，应当遵循平等自愿、协商一致的原则，不得违反法律、行政法规的规定。

劳动合同依法订立即具有法律约束力，当事人必须履行劳动合同规定的义务。

第十九条 劳动合同应当以书面形式订立，并具备以下条款：

（一）劳动合同期限；

（二）工作内容；

（三）劳动保护和劳动条件；

（四）劳动报酬；

（五）劳动纪律；

（六）劳动合同终止的条件；

（七）违反劳动合同的责任。

劳动合同除前款规定的必备条款外，当事人可以协商约定其他内容。

第三十一条 劳动者解除劳动合同，应当提前三十日以书面形式通知用人单位。

第三十三条 企业职工一方与企业可以就劳动报酬、工作时间、休息休假、劳动安全卫生、保险福利等事项，签订集体合同。集体合同草案应当提交职工代表大会或者全体职工讨论通过。

集体合同由工会代表职工与企业签订；没有建立工会的企业，由职工推举的代表与企业签订。

第三十四条 集体合同签订后应当报送劳动行政部门；劳动行政部门自收到集体合同文本之日起十五日内未提出异议的，集体合同即行生效。

第三十五条 依法签订的集体合同对企业和企业全体职工具有约束力。职工个人与企业订立的劳动合同中劳动条件和劳动报酬等标准不得低于集体合同的规定。

第四十一条 用人单位由于生产经营需要，经与工会和劳动者协商后可以延长工作时间，一般每日不得超过一小时；因特殊原因需要延长工作时间的，在保障劳动者身体健康的条件下延长工作时间每日不得超过三小时，但是每月不得超过三十六小时。

第四十六条 工资分配应当遵循按劳分配原则，实行同工同酬。

工资水平在经济发展的基础上逐步提高。国家对工资总量实行宏观调控。

第四十八条 国家实行最低工资保障制度。最低工资的具体标准由省、自治区、直辖市人民政府规定，报国务院备案。

用人单位支付劳动者的工资不得低于当地最低工资标准。

第五十条 工资应当以货币形式按月支付给劳动者本人。不得克扣或者无故拖欠劳动者的工资。

第五十一条 劳动者在法定休假日和婚丧假期间以及依法参加社会活动期间，用人单位应当依法支付工资。

第五十二条 用人单位必须建立、健全劳动安全卫生制度，严格执行国家劳动安全卫生规程和标准，对劳动者进行劳动安全卫生教育，防止劳动过程中的事故，减少职业危害。

第五十八条 国家对女职工和未成年工实行特殊劳动保护。

未成年工是指年满十六周岁未满十八周岁的劳动者。

第五十九条 禁止安排女职工从事矿山井下、国家规定的第四级体力劳动强度的劳动和其他禁忌从事的劳动。

第七十二条 社会保险基金按照保险类型确定资金来源，逐步实行社会统筹。用人单位和劳动者必须依法参加社会保险，缴纳社会保险费。

第七十五条 国家鼓励用人单位根据本单位实际情况为劳动者建立补充保险。

国家提倡劳动者个人进行储蓄性保险。

第七十六条 国家发展社会福利事业，兴建公共福利设施，为劳动者休息、休养和疗养提供条件。

用人单位应当创造条件，改善集体福利，提高劳动者的福利待遇。

第七十七条 用人单位与劳动者发生劳动争议，当事人可以依法申请调解、仲裁、提起诉讼，也可以协商解决。

调解原则适用于仲裁和诉讼程序。

第七十八条 解决劳动争议，应当根据合法、公正、及时处理的原则，依法维护劳动争议当事人的合法权益。

第七十九条 劳动争议发生后，当事人可以向本单位劳动争议调解委员会申请调解；调解不成，当事人一方要求仲裁的，可以向劳动争议仲裁委员会申请仲裁。当事人一方也可以直接向劳动争议仲裁委员会申请仲裁。对仲裁裁决不服的，可以向人民法院提起诉讼。

第八十条 在用人单位内，可以设立劳动争议调解委员会。劳动争议调解委员会由职工代表、用人单位代表和工会代表组成。劳动争议调解委员会主任由工会代表担任。

劳动争议经调解达成协议的，当事人应当履行。

第八十一条 劳动争议仲裁委员会由劳动行政部门代表、同级工会代表、用人单位方面的代表组成。劳动争议仲裁委员会主任由劳动行政部门代表担任。

第八十二条 提出仲裁要求的一方应当自劳动争议发生之日起六十日内向劳动争议仲裁委员会提出书面申请。仲裁裁决一般应在收到仲裁申请的六十日内作出。对仲裁裁决无异议的，当事人必须履行。

第八十八条 各级工会依法维护劳动者的合法权益，对用人单位遵守劳动法律、法规的情况进行监督。

任何组织和个人对于违反劳动法律、法规的行为有权检举和控告。

第八十九条 用人单位制定的劳动规章制度违反法律、法规规定的，由劳动行政部门给予警告，责令改正；对劳动者造成损害的，应当承担赔偿责任。

第九十三条 用人单位强令劳动者违章冒险作业，发生重大伤亡事故，造成严重后果的，对责任人员依法追究刑事责任。

第九十四条 用人单位非法招用未满十六周岁的未成年人的，由劳动行政部门责令改正，处以罚款；情节严重的，由工商行政管理部门吊销营业执照。

第九十五条 用人单位违反本法对女职工和未成年工的保护规定，侵害其合法权益的，由劳动行政部门责令改正，处以罚款；对女职工或者未成年工造成损害的，应当承担赔偿责任。

第一百零二条 劳动者违反本法规定的条件解除劳动合同或者违反劳动合同中约定的保密事项，对用人单位造成经济损失的，应当依法承担赔偿责任。

第一百零五条 违反本法规定侵害劳动者合法权益，其他法律、行政法规已规定处罚的，依照该法律、行政法规的规定处罚。

3 中国工会章程

（中国工会第十六次全国代表大会部分修改 2013 年 10 月 22 日通过）

总　　则

中国工会是中国共产党领导的职工自愿结合的工人阶级群众组织，是党联系职工群众的桥梁和纽带，是国家政权的重要社会支柱，是会员和职工利益的代表。

中国工会以宪法为根本活动准则，按照《中华人民共和国工会法》和本章程独立自主地开展工作，依法行使权利和履行义务。

工人阶级是我国的领导阶级，是先进生产力和生产关系的代表，是改革开放和社会主义现代化建设的主力军，是维护社会安定的强大而集中的社会力量。中国工会高举中国特色社会主义伟大旗帜，以马克思列宁主义、毛泽东思想、邓小平理论、“三个代表”重要思想、科学发展观为指导，贯彻执行党的以经济建设为中心，坚持四项基本原则，坚持改革开放的基本路线，坚定不移地走中国特色社会主义工会发展道路，推动党的全心全意依靠工人阶级的根本指导方针的贯彻落实，全面履行工会的社会职能，在维护全国人民总体利益的同时，更好地表达和维护职工的具体利益，团结和动员全国职工自力更生、艰苦创业，坚持和发展中国特色社会主义，为全面建成小康社会、把我国建设成为富强民主文明和谐的社会主义现代化国家、实现中华民族伟大复兴的中国梦而奋斗。

中国工会的基本职责是维护职工合法权益。

中国工会动员和组织职工积极参加建设和改革，努力促进经济、政治、文化、社会和生态文明建设；代表和组织职工参与国家和社会事务管理，参与企业、事业单位和机关的民主管理；教育职工不断提高思想道德素质和科学文化素质，建设有理想、有道德、有文化、有纪律的职工队伍，不断发展工人阶级先进性。

中国工会坚持组织起来、切实维权的工作方针，坚持以职工为本，主动依法科学维权的维权观，促进完善社会主义劳动法律，维护职工的经济、政治、文化和社会权利，参与协调劳动关系和社会利益关系，努力构建和谐劳动关系，促进经济发展和社会的长期稳定，为构建社会主义和谐社会作贡献。

中国工会维护工人阶级领导的、以工农联盟为基础的人民民主专政的社会主义国家政权，协助人民政府开展工作，依法发挥民主参与和社会监督作用。

中国工会在企业、事业单位中，按照促进企事业发展、维护职工权益的原则，支持行政依法行使管理权力，组织职工参加民主管理和民主监督，与行政方面建立协商制度，保障职工的合法权益，调动职工的积极性，促进企业、事业的发展。

中国工会实行产业和地方相结合的组织领导原则，坚持民主集中制。

中国工会坚持以改革创新精神加强自身建设，坚持群众化、民主化，保持同会员群众的密切联系，依靠会员群众开展工会工作。各级工会领导机关坚持把工作重点放到基层，全心全意为基层、为职工服务，增强基层工会的活力，把工会建设成为深受职工群众信赖的学习型、服务型、创新型“职工之家”。

工会兴办的企业、事业，坚持为改革开放和发展社会生产力服务，为职工群众服务，为推进工运事业服务。

中国工会努力巩固和发展工农联盟，坚持爱国统一战线，加强包括香港特别行政区同胞、澳门特别行政区同胞、台湾同胞和海外侨胞在内的全国各族人民的大团结，促进祖国的统一、繁荣和富强。

中国工会在国际事务中坚持独立自主、互相尊重、求同存异、加强合作、增进友谊的方针，在独立、平等、互相尊重、互不干涉内部事务的原则基础上，广泛建立和发展同国际和各国工会组织的友好关系，推动形成公正合理、民主和谐的国际工运新秩序，同全世界工人和工会一起，为世界的和平、发展、工人权益和社会进步而共同努力。

第一章　会　员

第一条　凡在中国境内的企业、事业单位、机关和其他社会组织中，以工资收入为主要生活来源或者与用人单位建立劳动关系的体力劳动者和脑力劳动者，不分民族、种族、性别、职业、宗教信仰、教育程度，承认工会章程，都可以加入工会为会员。

第二条　职工加入工会，由本人自愿申请，经工会基层委员会批准并发给会员证。

第三条　会员享有以下权利：

（一）选举权、被选举权和表决权。

（二）对工会工作进行监督，提出意见和建议，要求撤换或者罢免不称职的工会工作人员。

（三）对国家和社会生活问题及本单位工作提出批评与建议，要求工会组织向有关方面如实反映。

（四）在合法权益受到侵犯时，要求工会给予保护。

（五）工会提供的文化、教育、体育、旅游、疗休养事业、生活救助、法律服务、就业服务等优惠待遇；工会给予的各种奖励。

（六）在工会会议和工会媒体上，参加关于工会工作和职工关心问题的讨论。

第四条 会员履行下列义务：

（一）学习政治、经济、文化、法律、科学、技术和工会基本知识。

（二）积极参加民主管理，努力完成生产和工作任务。

（三）遵守宪法和法律，践行社会主义核心价值观，维护社会公德和职业道德，遵守劳动纪律。

（四）正确处理国家、集体、个人三者利益关系，向危害国家、社会利益的行为作斗争。

（五）维护中国工人阶级和工会组织的团结统一，发扬阶级友爱，搞好互助互济。

（六）遵守工会章程，执行工会决议，参加工会活动，按月交纳会费。

第五条 会员组织关系随劳动（工作）关系变动，凭会员证明接转。

第六条 会员有退会自由。会员退会由本人向工会小组提出，由工会基层委员会宣布其退会并收回会员证。

会员没有正当理由连续六个月不交纳会费、不参加工会组织生活，经教育拒不改正，应当视为自动退会。

第七条 对不执行工会决议、违反工会章程的会员，给予批评教育。对严重违法犯罪并受到刑事处分的会员，开除会籍。开除会员会籍，须经工会小组讨论，提出意见，由工会基层委员会决定，报上一级工会备案。

第八条 会员离休、退休和失业，可保留会籍。保留会籍期间免交会费。

工会组织要关心离休、退休和失业会员的生活，积极向有关方面反映他们的愿望和要求。

第二章 组织制度

第九条 中国工会实行民主集中制，主要内容是：

（一）个人服从组织，少数服从多数，下级组织服从上级组织。

（二）工会的各级领导机关，除它们派出的代表机关外，都由民主选举产生。

（三）工会的最高领导机关，是工会的全国代表大会和它所产生的中华全国总工会执行委员会。工会的地方各级领导机关，是工会的地方各级代表大会和它所产生的总工会委员会。

（四）工会各级委员会，向同级会员大会或者会员代表大会负责并报告工作，接受会员监督。会员大会和会员代表大会有权撤换或者罢免其所选举的代表和工会委员会组成人员。

（五）工会各级委员会，实行集体领导和分工负责相结合的制度。凡属重大问题由委员会民主讨论，作出决定，委员会成员根据集体的决定和分工，履行自己的职责。

（六）工会各级领导机关，经常向下级组织通报情况，听取下级组织和会员的意见，研究和解决他们提出的问题。下级组织向上级组织请示报告工作。

第十条 工会各级代表大会的代表和委员会的产生，要充分体现选举人的意志。候选人名单，要反复酝酿，充分讨论。选举采用无记名投票方式，可以直接采用候选人数多于应选人数的差额选举办法进行正式选举，也可以先采用差额选举办法进行预选，产生候选人名单，然后进行正式选举。任何组织和个人，不得以任何方式强迫选举人选举或不选举某个人。

第十一条 中国工会实行产业和地方相结合的组织领导原则。同一企业、事业单位、机关和其他社会组织中的会员，组织在一个工会基层组织中；同一行业或者性质相近的几个行业，根据需要建立全国的或者地方的产业工会组织。除少数行政管理体制实行垂直管理的产业，其产业工会实行产业工会和地方工会双重领导，以产业工会领导为主外，其他产业工会均实行以地方工会领导为主，同时接受上级产业工会领导的体制。各产业工会的领导体制，由中华全国总工会确定。

省、自治区、直辖市，设区的市和自治州，县（旗）、自治县、不设区的市建立地方总工会。地方总工会是当地地方工会组织和产业工会地方组织的领导机关。全国建立统一的中华全国总工会。中华全国总工会是各级地方总工会和各产业工会全国组织的领导机关。

中华全国总工会执行委员会委员和产业工会全国委员会委员实行替补制，各级地方总工会委员会委员和地方产业工会委员会委员，也可以实行替补制。

第十二条 县和县以上各级地方总工会委员会，根据工作需要可以派出代表机关。

县和县以上各级工会委员会，在两次代表大会之间，认为有必要时，可以召集代表会议，讨论和决定需要及时解决的重大问题。代表会议代表的名额和产生办法，由召集代表会议的总工会决定。

全国产业工会、各级地方产业工会、乡镇工会和城市街道工会的委员会，可以按照联合制、代表制原则，由下一级工会组织民主选举的主要负责人和适当比例的有关方面代表组成。

上级工会可以派员帮助和指导用人单位的职工组建工会。

第十三条 各级工会代表大会选举产生同级经费审查委员会。中华全国总工会经费审查委员会设常务委员会，省、自治区、直辖市总工会经费审查委员会和独立管理经费的全国产业工会经费审查委员会，应当设常务委员会。经费审查委员会负责审查同级工会组织及其直属企业、事业单位的经费收支和资产管理情况，监督财经法纪的贯彻执行和工会经费的使用，并接受上级工会经费审查委员会的指导。工会经费审查委员会向同级会员大会或会员代表大会负责并报告工作；在大会闭会期间，向同级工会委员会负责并报告工作。

上级经费审查委员会应当对下一级工会及其直属企业、事业单位的经费收支和资产管理情况进行审查。

中华全国总工会经费审查委员会委员实行替补制，各级地方总工会经费审查委员会委员和独立管理经费的产业工会经费审查委员会委员，也可以实行替补制。

第十四条 各级工会建立女职工委员会，表达和维护女职工的合法权益。女职工委员会由同级工会委员会提名，在充分协商的基础上组成或者选举产生，女职工委员会与工会委员会同时建立，在同级工会委员会领导下开展工作。企业工会女职工委员会是县或者县以上妇联的团体会员，通过县以上地方工会接受妇联的业务指导。

第十五条 县和县以上各级工会组织应当建立法律服务机构，为保护职工和工会组织的合法权益提供服务。

各级工会组织应当组织和代表职工开展劳动法律监督。

第十六条 成立或者撤销工会组织，必须经会员大会或者会员代表大会通过，并报上一级工会批准。工会基层组织所在的企业终止，或者所在的事业单位、机关和其他社会组织被撤销，该工会组织相应撤销，并报上级工会备案。其他组织和个人不得随意撤销工会组织，也不得把工会组织的机构撤销、合并或者归属其他工作部门。

第三章　全国组织

第十七条 中国工会全国代表大会，每五年举行一次，由中华全国总工会执行委员会召集。在特殊情况下，由中华全国总工会执行委员会主席团提议，经执行委员会全体会议通过，可以提前或者延期举行。代表名额和代表选举办法由中华全国总工会决定。

第十八条 中国工会全国代表大会的职权是：

（一）审议和批准中华全国总工会执行委员会的工作报告。

（二）审议和批准中华全国总工会执行委员会的经费收支情况报告和经费审查委员会的工作报告。

（三）修改中国工会章程。

（四）选举中华全国总工会执行委员会和经费审查委员会。

第十九条 中华全国总工会执行委员会，在全国代表大会闭会期间，负责贯彻执行全国代表大会的决议，领导全国工会工作。

执行委员会全体会议选举主席一人、副主席若干人、主席团委员若干人，组成主席团。

执行委员会全体会议由主席团召集，每年至少举行一次。

第二十条 中华全国总工会执行委员会全体会议闭会期间，由主席团行使执行委员会的职权。主席团全体会议，由主席召集。

主席团闭会期间，由主席、副主席组成的主席会议行使主席团职权。主席会议由中华全国总工会主席召集并主持。

主席团下设书记处，由主席团在主席团成员中推选第一书记一人，书记若干人组成。书记处在主席团领导下，主持中华全国总工会的日常工作。

第二十一条 产业工会全国组织的设置，由中华全国总工会根据需要确定。

产业工会全国委员会的建立，经中华全国总工会批准，可以按照联合制、代表制原则组成，也可以由产业工会全国代表大会选举产生。全国委员会每届任期五年。任期届满，应当如期召开会议，进行换届选举。在特殊情况下，经中华全国总工会批准，可以提前或者延期举行。

产业工会全国代表大会和按照联合制、代表制原则组成的产业工会全国委员会全体会议的职权是：审议和批准产业工会全国委员会的工作报告；选举产业工会全国委员会或者产业工会全国委员会常务委员会。独立管理经费的产业工会，选举经费审查委员会，并向产业工会全国代表大会或者委员会全体会议报告工作。产业工会全国委员会常务委员会由主席一人、副主席若干人、常务委员若干人组成。

第四章　地方组织

第二十二条 省、自治区、直辖市，设区的市和自治州，县（旗）、自治县、不设区的市的工会代表大会，由同级总工会委员会召集，每五年举行一次。在特殊情况下，由同级总工会委员会提议，经上一级工会批准，可以提前或者延期举行。工会的地方各级代表大会的职权是：

（一）审议和批准同级总工会委员会的工作报告。

（二）审议和批准同级总工会委员会的经费收支情况报告和经费审查委员会的工作报告。

（三）选举同级总工会委员会和经费审查委员会。

各级地方总工会委员会，在代表大会闭会期间，执行上级工会的决定和同级工会代表大会的决议，领导本地区的工会工作，定期向上级总工会委员会报告工作。

根据工作需要，省、自治区总工会可在地区设派出代表机关。直辖市和设区的市总工会可在区建立区一级工会组织或者设派出代表机关。

县和城市的区可在乡镇和街道建立乡镇工会和街道工会组织，具备条件的，建立总工会。

第二十三条 各级地方总工会委员会选举主席一人、副主席若干人、常务委员若干人，组成常务委员会。工会委员会、常务委员会和主席、副主席以及经费审查委员会的选举结果，报上一级总工会批准。

各级地方总工会委员会全体会议，每年至少举行一次，由常务委员会召集。各级地方总工会常务委员会，在委员会全体会议闭会期间，行使委员会的职权。

第二十四条 各级地方产业工会组织的设置，由同级地方总工会根据本地区的实际情况确定。

第五章　基层组织

第二十五条　企业、事业单位、机关和其他社会组织等基层单位，应当依法建立工会组织。社区和行政村可以建立工会组织。有会员二十五人以上的，应当成立工会基层委员会；不足二十五人的，可以单独建立工会基层委员会，也可以由两个以上单位的会员联合建立工会基层委员会，也可以选举组织员或者工会主席一人，主持基层工会工作。工会基层委员会有女会员十人以上的建立女职工委员会，不足十人的设女职工委员。

职工二百人以上企业、事业单位的工会设专职工会主席。工会专职工作人员的人数由工会与企业、事业单位协商确定。

基层工会具备法人条件，依法取得社团法人资格，工会主席为法定代表人。

第二十六条　工会基层组织的会员大会或者会员代表大会，每年至少召开一次。经基层工会委员会或者三分之一以上的工会会员提议，可以临时召开会员大会或者会员代表大会。工会会员在一百人以下的基层工会应当召开会员大会。

工会会员大会或者会员代表大会的职权是：

（一）审议和批准工会基层委员会的工作报告。

（二）审议和批准工会基层委员会的经费收支情况报告和经费审查委员会的工作报告。

（三）选举工会基层委员会和经费审查委员会。

（四）撤换或者罢免其所选举的代表或者工会委员会组成人员。

（五）讨论决定工会工作的重大问题。

工会基层委员会和经费审查委员会每届任期三年至五年，具体任期由会员大会或者会员代表大会决定。任期届满，应当如期召开会议，进行换届选举。在特殊情况下，经上一级工会批准，可以提前或者延期举行。

会员代表大会的代表实行常任制，任期与本单位工会委员会相同。

第二十七条　工会基层委员会的委员，应当在会员或者会员代表充分酝酿协商的基础上选举产生；主席、副主席，可以由会员大会或者会员代表大会直接选举产生，也可以由工会基层委员会选举产生。大型企业、事业单位的工会委员会，根据工作需要，经上级工会委员会批准，可以设立常务委员会。工会基层委员会、常务委员会和主席、副主席以及经费审查委员会的选举结果，报上一级工会批准。

第二十八条　工会基层委员会的基本任务是：

（一）执行会员大会或者会员代表大会的决议和上级工会的决定，主持基层工会的日常工作。

（二）代表和组织职工依照法律规定，通过职工代表大会、厂务公开和其他形式，参加本单位民主管理和民主监督。企业、事业单位工会委员会是职工代表大会工作机构，负责职工代表大会的日常工作，检查、督促职工代表大会决议的执行。

（三）参与协调劳动关系和调解劳动争议，与企业、事业单位行政方面建立协商制度，协商解决涉及职工切身利益问题。帮助和指导职工与企业、事业单位行政方面签订和履行劳动合同，代表职工与企业、事业单位行政方面签订集体合同或者其他专项协议，并监督执行。

（四）组织职工开展劳动竞赛、合理化建议、技术革新和技术协作等活动，总结推广先进经验。做好先进生产（工作）者和劳动模范的评选、表彰、培养和管理服务工作。

（五）对职工进行思想政治教育，鼓励支持职工学习文化科学技术和管理知识，开展健康的文化体育活动。推进企业文化职工文化建设，办好工会文化、教育、体育事业。

（六）监督有关法律、法规的贯彻执行。协助和督促行政方面做好工资、劳动安全卫生和社会保险等方面的工作，办好职工集体福利事业，改善职工生活，对困难职工开展帮扶。依法参与劳动安全卫生事故的调查处理。

（七）维护女职工的特殊利益，同歧视、虐待、摧残、迫害女职工的现象作斗争。

（八）搞好工会组织建设，健全民主制度和民主生活。建立和发展工会积极分子队伍。做好会员的发展、接收、教育和会籍管理工作。加强职工之家建设。

（九）收好、管好、用好工会经费，管理好工会资产和工会的企业、事业。

第二十九条 教育、科研、文化、卫生、体育等事业单位和机关工会，从脑力劳动者比较集中的特点出发开展工作，积极了解和关心职工的思想、工作和生活，推动党的知识分子政策的贯彻落实。组织职工搞好本单位的民主管理和民主监督，为发挥职工的聪明才智，创造良好的条件。

第三十条 工会基层委员会根据工作需要，可以在分厂、车间（科室）建立分厂、车间（科室）工会委员会。分厂、车间（科室）工会委员会由分厂、车间（科室）会员大会或者会员代表大会选举产生，任期和工会基层委员会相同。

工会基层委员会和分厂、车间（科室）委员会，可以根据需要设若干专门委员会或者专门小组。

按照生产（行政）班组建立工会小组，民主选举工会小组长，积极开展工会小组活动。

第六章　工会干部

第三十一条 各级工会组织按照革命化、年轻化、知识化、专业化的要求，努力建设一支坚持党的基本路线，熟悉本职业务，热爱工会工作，受到职工信赖的干部队伍。

第三十二条 工会干部要努力做到：

（一）认真学习马克思列宁主义、毛泽东思想、邓小平理论、“三个代表”重要思想和科学发展观，学习经济、法律和工会业务知识。

（二）执行党的基本路线和各项方针政策，遵守国家法律、法规，在改革开放和社会主义现代化建设中勇于开拓创新。

（三）忠于职守，勤奋工作，廉洁奉公，顾全大局，维护团结。

（四）坚持实事求是，认真调查研究，如实反映职工的意见、愿望和要求。

（五）坚持原则，不谋私利，热心为职工说话办事，依法维护职工的合法权益。

（六）作风民主，联系群众，自觉接受职工群众的批评和监督。

第三十三条 各级工会组织根据有关规定管理工会干部，重视培养和选拔青年干部、妇女干部、少数民族干部，成为培养干部的重要基地。

基层工会主席、副主席任期未满不得随意调动其工作。因工作需要调动时，应事先征得本级工会委员会和上一级工会同意。

第三十四条 各级工会组织建立与健全干部培训制度。办好工会干部院校和各种培训班。

第三十五条 各级工会组织关心工会干部的思想、学习和生活，督促落实相应的待遇，支持他们的工作，坚决同打击报复工会干部的行为作斗争。

县和县以上工会设立工会干部权益保障金，保障工会干部依法履行职责。

县和县以上工会可以为基层工会选派、聘用工作人员。

第七章　工会经费和资产

第三十六条 工会经费的来源：

（一）会员缴纳的会费。

（二）企业、事业单位、机关和其他社会组织按全部职工工资总额的百分之二向工会拨缴的经费或者建会筹备金。

（三）工会所属的企业、事业单位上缴的收入。

（四）人民政府和企业、事业单位、机关和其他社会组织的补助。

（五）其他收入。

第三十七条 县和县以上各级工会应当与税务、财政等有关部门合作，依照规定做好工会经费收缴和应当由财政负担的工会经费拨缴工作。

未成立工会的企业、事业单位、机关和其他社会组织，按工资总额的百分之二向上级工会拨缴工会建会筹备金。

具备社团法人资格的工会可以设立独立经费账户。

第三十八条 工会资产是社会团体资产，中华全国总工会对各级工会的资产拥有终极所有权。各级工会应当加强对工会资产的监督、管理，保护工会资产不受损害，促进工会资产保值增值。根据经费独立原则，建立预算、决算、资产监管和经费审查监督制度。实行“统一领导、分级管理”的财务体制、“统一所有、分级监管、单位使用”的资产监管体制和“统一领导、分级管理、分级负责”的经费审查监督体制。工会经费、资产的管理和使用办法以及工会经费审查监督制度，由中华全国总工会制定。

第三十九条　各级工会委员会按照规定编制和审批预算、决算，定期向会员大会或者会员代表大会和上一级工会委员会报告经费收支和资产管理情况，接受上级和同级工会经费审查委员会审查监督。

第四十条　工会经费、资产和国家及企业、事业单位等拨给工会的不动产和拨付资金形成的资产受法律保护，任何单位和个人不得侵占、挪用和任意调拨；不经批准，不得改变工会所属企业、事业单位的隶属关系和产权关系。

工会组织合并，其经费资产归合并后的工会所有；工会组织撤销或者解散，其经费资产由上级工会处置。

第八章　会　徽

第四十一条　中国工会会徽，选用汉字“中”“工”两字，经艺术造型呈圆形重叠组成，并在两字外加一圆线，象征中国工会和中国工人阶级的团结统一。会徽的制作标准，由中华全国总工会规定。

第四十二条　中国工会会徽，可在工会办公地点、活动场所、会议会场悬挂，可作为纪念品、办公用品上的工会标志，也可以作为徽章佩戴。

第九章　附　则

第四十三条　本章程解释权属于中华全国总工会。

4 全民所有制工业企业职工代表大会条例

（1986 年 9 月 15 日国务院发布）

第一章　总　则

第一条　为保障全民所有制工业企业职工的民主管理权力，充分发挥职工的积极性、智慧和创造力，办好全民所有制工业企业，发展社会主义经济，特制定本条例。

第二条　企业在实行厂长负责制的同时，必须建立和健全职工代表大会（或职工大会，下同）制度和其他民主管理制度，保障与发挥工会组织和职工代表在审议企业重大决策、监督行政领导、维护职工合法权益等方面的权力和作用。

第三条　职工代表大会是企业实行民主管理的基本形式，是职工行使民主管理权力的机构。

企业工会委员会是职工代表大会的工作机构，负责职工代表大会的日常工作。

第四条　职工代表大会接受企业党的基层委员会（含不设基层委员会的党总支不委员会、支部委员会，以下简称党委）的思想政治领导、贯彻执行党和国家的方针、政策，正确处理国家、企业和职工三者利益关系，在法律规定的范围内行使职权。

第五条　职工代表大会应当积极支持厂长行使经营管理决策和统一指挥生产活动的职权。

第六条　职工代表大会实行民主集中制。

第二章　职　权

第七条　职工代表大会行使下列职权：

一、定期听取厂长的工作报告，审议企业的经营方针、长远和年度计划、重大技术改造和技术引进计划、职工培训计划、财务预决算、自有资金分配和使用方案，提出意见和建议，并就上述方案的实施做出决议；

二、审议通过厂长提出的企业的经济责任制方案、工资调整计划、资金分配方案、劳动保护措施方案、奖惩办法及其他重要的规章制度；

三、审议决定职工福利基金使用方案、职工住宅分配方案和其他有关职工生活福利的重大事项；

四、评议、监督企业各级领导干部，并提出奖惩和任免的建议。

对工作卓有成绩的干部，可以建议给与奖励，包括晋级、提职。对不称职的干部，可以建议免职或降职。

对工作不负责任或者以权谋私，造成严重后果的干部，可以建议给与处分，直至撤职。

五、主管机关任命或者免除企业行政领导人员的职务时，必须充分考虑职工代表大会的意见。职工代表大会根据主管机关的部署，可以民主推荐厂长人选，也可以民主选举厂长，报主管机关审批。

第八条 职工代表大会对厂长在其职权范围内决定的问题由不同意见时，可以向厂长提出建议，也可以报告上级工会。

第九条 在职工代表大会上，可以由厂长代表行政、工会主席代表职工签订集体合同或共同协议，为企业发展的共同目标，互相承担义务，保证贯彻执行。

第三章 职工代表

第十条 按照法律规定享有政治权利的企业职工，均可当选为职工代表。

第十一条 职工代表的产生，应当以班组或者工段为单位，由职工直接选举。大型企业的职工代表，也可以由分厂或者车间的职工代表相互推选产生。

第十二条 职工代表中应当有工人、技术人员、管理人员、领导干部和其他方面的职工。其中企业和车间、科室行政领导干部一般为职工代表总额的1/5。青年职工和女职工应当占适当比例。

为了吸收有经验的技术人员、经营管理人员参加职工代表大会，可以在企业或者车间范围内，经过民主协商，推选一部分代表。

职工代表按分厂、车间、科室（或若干科室）组成代表团（组），推选团（组）长。

第十三条 职工代表实行常任制，每两年改选一次，可以连选连任。

职工代表对选举单位的职工负责。选举单位的职工有权监督或者撤换本单位的职工代表。

第十四条 职工代表的权利：

一、在职工代表大会上，有选举权、被选举权和表决权；

二、有权参加职工代表大会及其工作机构对企业执行职工代表大会决议和提案落实情况的检查，有权参加对企业行政领导人员的质询；

三、因参加职工代表大会组织的各项活动而占用生产或者工作时间，有权按照正常出勤享受应得的待遇。

对职工代表行使民主权利，任何组织和个人不得压制、阻挠和打击报复。

第十五条 职工代表的义务：

一、努力学习党和国家的方针、政策、法律、法规，不断提高政治觉悟、技术业务水平和参加管理的能力；

二、密切联系群众，代表职工合法利益，如实反映职工群众的意见和要求，认真执行职工代表大会的决议，做好职工代表大会交给的各项工作；

三、模范遵守国家的法律、法规和企业的规章制度、劳动纪律，做好本职工作。

第四章 组织制度

第十六条 职工代表大会选举主席团主持会议。主席团成员应有工人、技术人员、管理人员和企业的领导干部。其中工人、技术人员、管理人员应超过半数。

第十七条 参加企业管理委员会的职工代表，由职工代表大会推选产生。

参加企业管理委员会的职工代表要向职工代表大会汇报工作，接受职工代表大会监督。职工代表大会有权撤换参加管理委员会的职工代表。

第十八条 职工代表大会至少每半年召开一次。每次会议必须有 2/3 以上的职工代表出席。

遇有重大事项，经厂长、企业工会或 1/3 以上职工代表的提议，可召开临时会议。

职工代表大会进行选举和作出决议，必须经全体职工代表过半数通过。

第十九条 职工代表大会应当围绕增强企业活力、促进技术进步、提高经济效益，针对企业经营管理、分配制度和职工生活等方面的重要问题确定议题。

第二十条 职工代表大会在其职权范围内决定的事项，非经职工代表大会同意不得修改。

第二十一条 职工代表大会可根据需要，设立若干精干的临时的或经常性的专门小组（或专门委员会，下同），完成职工代表大会交办的有关事项。其主要工作是：审议提交职工代表大会的有关议案，在职工代表大会闭会期间，根据职工代表大会的授权，审定属本专门小组分工范围内需要临时决定的问题，并向职工代表大会报告予以确认；检查、监督有关部门贯彻执行职工代表大会决议和职工提案的处理；办理职工代表大会交办的其他事项。

专门小组进行活动需要占用生产或者工作时间，有权按照正常出勤享受应得的待遇，但需经厂长同意。各专门小组的人选，一般在职工代表中提名；也可以聘请非职工代表，但必须经职工代表大会通过。

各专门小组对职工代表大会负责。

第二十二条 职工代表大会闭会期间，需要临时解决的重要问题，由企业工会委员会召集职工代表团（组）长和专门小组负责人联席会议，协商处理，并向下一次职工代表大会报告予以确认。

联席会议可以根据会议内容邀请企业党政负责人或其他有关人员参加。

第五章　职工代表大会与工会

第二十三条　企业工会委员会作为职工代表大会的工作机构承担下列工作：

一、组织职工选举职工代表；

二、提出职工代表大会议题的建议，主持职工代表大会的筹备工作和会议的组织工作；

三、主持职工代表团（组）长、专门小组负责人联席会议；

四、组织专门小组进行调查研究，向职工代表大会提出建议，检查督促大会决议的执行情况，发动职工落实职工代表大会决议；

五、向职工进行民主管理的宣传教育，组织职工代表学习政策、业务和管理知识，提高职工代表素质；

六、接受和处理职工代表的申诉和建议，维护职工代表的合法权益；

七、组织企业民主管理的其他工作。

第二十四条　上级工会有指导、支持和维护职工代表大会正确行使职权的责任。

第六章　车间、班组的民主管理

第二十五条　车间（分厂）可以根据具体情况，采取职工大会或职工代表大会、职工代表组等形式，对本单位权限范围内的事务行使民主管理的权力。

车间（分厂）民主管理的日常工作，由车间（分厂）工会委员会主持。

第二十六条　班组的民主管理，由职工直接参加，在本班组的工会组长和职工代表的主持下开展活动，也可以根据需要推选若干民主管理员，负责班组的日常民主管理。

第七章　附　则

第二十七条　本条例原则上适用于全民所有制交通运输、邮电、地质、建筑施工、农林、水利等企业。

第二十八条　本条例由中华全国总工会负责解释。

第二十九条　本条例自 1986 年 10 月 1 日起施行。

5 中华全国总工会工会办公厅关于规范召开企业职工代表大会的意见

总工办发〔2011〕53号

（2011年12月7日）

为规范召开企业职工代表大会（以下简称职代会），充分有效地发挥企业职代会作用，根据相关法律法规，结合企业职代会运行的实际情况，提出以下意见。

一、企业职代会每年至少召开一次。

二、企业职代会实行届期制，每三至五年为一届，到期应当及时换届。

三、企业工会是企业职代会的工作机构，未建工会的企业召开职代会，应当向上级工会组织报告，在其指导下开展相关工作。

四、企业首次召开职代会前应当成立筹备机构，由企业党组织、行政等方面人员组成。筹备机构主要任务是：起草本单位职代会实施办法（细则）；组织选举职工代表；起草职代会筹备工作情况报告；研究确定次职代表主要议题和议程，听取职工的意见和建议，等等。

五、企业根据法律法规的规定，结合实际，制定职代会实施办法（细则）。职代会实施办法（细则）应当提交职代会审议通过。

六、企业应当根据职工人数和生产（行政）单位设置状况确定职工代表总数、划分选区、分配名额，进行职工代表的选举。职工代表人数应当按照本企业职代会实施办法（细则）确定，或由企业与工会协商确定，但最少不得低于三十人。企业职工人数在五十人以下的，应当召开职工大会。

七、职工代表中应当有工人、技术人员、管理人员、企业领导人员和其他方面的职工。其中企业领导人员一般不超过职工代表总数的五分之一。

八、各选区按照分配名额，由工会负责组织职工直接选举职工代表。

九、企业领导（高级管理）人员应当在相应的选区，参加职工代表的选举。

十、选举（撤换）职工代表，必须有选区全体职工三分之二以上参加，得到选区全体职工总数二分之一以上同意票者方可当选（撤换）。

管理层级较多的企业，参加上一级职工代表的职工代表可以在下一级职工代会职工代表选举产生，也可以由全体职工直接选举产生。

十一、职工代表人数较多的可以按选区组成代表团（组），推选团（组）长。

十二、职工代表实行常任制，任期与职代会届期相同，可以连选连任。

十三、职工代表在任期内跨选区工作岗位变动或企业与其终止、解除劳动关系，其代表资格自行终止，缺额应当由原选举单位按照规定补选。

十四、职代会可以设列席代表和特邀代表；可以组织职工旁听。

十五、工会应当按照企业职代会实施办法（细则）制定职工代表选举方案；负责对职工代表条件、产生程序、人员构成比例等进行审核，并将职工代表名单进行公示，接受职工监督。

十六、确定召开职代会后，工会或职代会提案委员会应当通过职工代表向职工征集提案；经审查立案后提交职代会讨论。

十七、召开职代会前应当以书面形式，通知职工代表参加会议的时间、地点及主要内容。

十八、需要通过职代会讨论通过表决事项有相关材料，不少于7个工作日是，以书面形式送达职工代表，由职工代表团（组）长组织职工代表充分讨论和征求选区职工的意见。

十九、基层工会组织在召开职代会之前，应当向上一级工会报告会议筹备情况，上一级应予以指导。

二十、正式召开职代会前可召开筹备会议。预备会议由本企业工会主持，全体职工代表参加。

二十一、职工代表预备会议的主要程序是：

（一）选举大会主席团；

（二）听取关于本届（次）职代会筹备情况的报告；

（三）审议通过关于职工代表资格审查情况的报告；

（四）通过大会议程；

（五）决定大会其它有关事项。

二十二、召开职代会正式会议必须有全体职工代表的三分之二以上到会。

会议主持人必须向大会报告职工代表出席情况、职代会提案征集处理情况和上次职代会提案的落实情况。

二十三、职代会应当以职工代表团（组）为单位讨论相关事宜。大会主席团成员分别参加本代表团（组）的讨论。

二十四、职代会选举及表决通过决通过决议、重要事项，应当以无记名投票方式进行，得到全体职工代表二之一以上同意标票方为当选（有效）。

二十五、职代会主席团负责处理会议期间的相关事项。

二十六、职代会闭会期间遇有重大问题，可由企业行政工会或三分之一以上的职工代表联名，提议召开职代会，并按规范程序进行。

二十七、职代会通过的决议、重要事项和选举结果等应形成书面文件并及时公示。

职代会应当建立专门档案。

二十八、事业单位、民办非企业单位等其它单位可以参照本意见执行。

6 企业民主管理规定

（总工发〔2012〕12号）

（中共中央纪委、中共中央组织部、国务院国有资产监督管理委员会、监察部、中华全国总工会、中华全国工商业联合会联合印发）

（2012年2月13日）

第一章 总 则

第一条 为完善以职工代表大会为基本形式的企业民主管理制度，推进厂务公开，支持职工参与企业管理，维护职工合法权益，构建和谐劳动关系，促进企业持续健康发展，加强基层民主政治建设，依据宪法和相关法律制定本规定。

第二条 企业民主管理工作应当坚持党的领导，以邓小平理论和“三个代表”重要思想为指导，深入贯彻落实科学发展观，坚定不移地贯彻落实党的全心全意依靠工人阶级的根本指导方针。

企业党组织应当加强对民主管理工作的领导和支持。

第三条 职工代表大会（或职工大会，下同）是职工行使民主管理权力的机构，是企业民主管理的基本形式。

企业应当按照合法、有序、公开、公正的原则，建立以职工代表大会为基本形式的民主管理制度，实行厂务公开，推行民主管理。公司制企业（以下简称公司）应当依法建立职工董事、职工监事制度。

企业应当尊重和保障职工依法享有的知情权、参与权、表达权和监督权等民主权利，支持职工参加企业管理活动。

第四条 企业职工应当尊重和支持企业依法行使管理职权，积极参与企业管理。

第五条 企业工会应当组织职工依法开展企业民主管理，维护职工合法权益。

上级工会应当指导和帮助企业工会和职工依法开展企业民主管理活动，对企业实行民主管理的情况进行监督。

第六条 企业代表组织应当推动企业实行民主管理，促进企业健康发展。

第七条 各级党委纪检部门、组织部门，各级人民政府国有资产监督管理机构和监察机关等有关部门应当依照各自职责，对企业民主管理工作进行指导、检查和监督。

第二章 职工代表大会制度

第一节 职工代表大会组织制度和职权

第八条 企业可以根据职工人数确定召开职工代表大会或者职工大会。

企业召开职工代表大会的，职工代表人数按照不少于全体职工人数的百分之五确定，最少不少于三十人。职工代表人数超过一百人的，超出的代表人数可以由企业与工会协商确定。

第九条 职工代表大会的代表由工人、技术人员、管理人员、企业领导人员和其他方面的职工组成。其中，企业中层以上管理人员和领导人员一般不得超过职工代表总人数的百分之二十。有女职工和劳务派遣职工的企业，职工代表中应当有适当比例的女职工和劳务派遣职工代表。

第十条 职工代表大会每届任期为三年至五年。具体任期由职工代表大会根据本单位的实际情况确定。

职工代表大会因故需要提前或者延期换届的，应当由职工代表大会或者其授权的机构决定。

第十一条 职工代表大会根据需要，可以设立若干专门委员会（小组），负责办理职工代表大会交办的事项。专门委员会（小组）成员人选必须经职工代表大会审议通过。

第十二条 职工代表按照基层选举单位组成代表团（组），并推选团（组）长。可以设立职工代表大会团（组）长和专门委员会（小组）负责人联席会议，根据职工代表大会授权，在职工代表大会闭会期间负责处理临时需要解决的重要问题，并提请下一次职工代表大会确认。

联席会议由企业工会负责召集，联席会议可以根据会议内容邀请企业领导人员或其他有关人员参加。

第十三条 职工代表大会行使下列职权：

（一）听取企业主要负责人关于企业发展规划、年度生产经营管理情况，企业改革和制定重要规章制度情况，企业用工、劳动合同和集体合同签订履行情况，企业安全生产情况，企业缴纳社会保险费和住房公积金情况等报告，提出意见和建议；

审议企业制定、修改或者决定的有关劳动报酬、工作时间、休息休假、劳动安全卫生、保险福利、职工培训、劳动纪律以及劳动定额管理等直接涉及劳动者切身利益的规章制度或者重大事项方案，提出意见和建议；

（二）审议通过集体合同草案，按照国家有关规定提取的职工福利基金使用方案、住房公积金和社会保险费缴纳比例和时间的调整方案，劳动模范的推荐人选等重大事项；

（三）选举或者罢免职工董事、职工监事，选举依法进入破产程序企业的债权人会议和债权人委员会中的职工代表，根据授权推荐或者选举企业经营管理人员；

（四）审查监督企业执行劳动法律法规和劳动规章制度情况，民主评议企业领导人员，并提出奖惩建议；

（五）法律法规规定的其他职权。

第十四条 国有企业和国有控股企业职工代表大会除按第十三条规定行使职权外，行使下列职权：

（一）听取和审议企业经营管理主要负责人关于企业投资和重大技术改造、财务预决算、企业业务招待费使用等情况的报告，专业技术职称的评聘、企业公积金的使用、企业的改制等方案，并提出意见和建议；

（二）审议通过企业合并、分立、改制、解散、破产实施方案中职工的裁减、分流和安置方案；

（三）依照法律、行政法规、行政规章规定的其他职权。

第十五条 县级以下一定区域内或者性质相近的行业内的若干尚不具备单独建立职工代表大会制度条件的中小企业，可以通过选举代表联合建立区域（行业）职工代表大会制度，开展企业民主管理活动。

工会负责组织建立区域（行业）职工代表大会制度。区域（行业）工会作为区域（行业）职工代表大会的工作机构承担日常工作。

第十六条 集团企业的总部机关和各分公司、分厂、车间以及其他分支机构可以按照一定比例选举产生职工代表，召开集团企业职工代表大会，实行企业民主管理。

集团企业的总部机关和各分公司、分厂、车间以及其他分支机构，按照本规定建立职工代表大会制度，在各自的职权范围内分别开展民主管理活动。

第二节 职工代表大会工作制度

第十七条 职工代表大会每年至少召开一次。职工代表大会全体会议必须有三分之二以上的职工代表出席。

第十八条 职工代表大会议题和议案应当由企业工会听取职工意见后与企业协商确定，并在会议召开七日前以书面形式送达职工代表。

第十九条 职工代表大会可以设主席团主持会议。主席团成员由企业工会与职工代表大会各团（组）协商提出候选人名单，经职工代表大会预备会议表决通过。其中，工人、技术人员、管理人员不少于百分之五十。

第二十条 职工代表大会选举和表决相关事项，必须按照少数服从多数的原则，经全体职工代表的过半数通过。对重要事项的表决，应当采用无记名投票的方式分项表决。

第二十一条 职工代表大会在其职权范围内依法审议通过的决议和事项具有约束力，非经职工代表大会同意不得变更或撤销。

企业应当提请职工代表大会审议、通过、决定的事项，未按照法定程序审议、通过或者决定的无效。

第二十二条 企业工会委员会是职工代表大会的工作机构，负责职工代表大会的日常工作，履行下列职责：

（一）提出职工代表大会代表选举方案，组织职工选举职工代表和代表团（组）长；

（二）征集职工代表提案，提出职工代表大会议题的建议；

（三）负责职工代表大会会议的筹备和组织工作，提出职工代表大会的议程建议；

（四）提出职工代表大会主席团组成方案和组成人员建议名单；提出专门委员会（小组）的设立方案和组成人员建议名单；

（五）向职工代表大会报告职工代表大会决议的执行情况和职工代表大会提案的办理情况、厂务公开的实行情况等；

（六）在职工代表大会闭会期间，负责组织专门委员会（小组）和职工代表就企业职工代表大会决议的执行情况和职工代表大会提案的办理情况、厂务公开的实行情况等，开展巡视、检查、质询等监督活动；

（七）受理职工代表的申诉和建议，维护职工代表的合法权益；

（八）向职工进行民主管理的宣传教育，组织职工代表开展学习和培训，提高职工代表素质；

（九）建立和管理职工代表大会工作档案。

第三节 职工代表的产生和权利义务

第二十三条 与企业签订劳动合同建立劳动关系以及与企业存在事实劳动关系的职工，有选举和被选举为职工代表大会代表的权利。

依法终止或者解除劳动关系的职工代表，其代表资格自行终止。

第二十四条 职工代表应当以班组、工段、车间、科室等为基本选举单位由职工直接选举产生。规模较大、管理层次较多的企业的职工代表，可以由下一级职工代表大会代表选举产生。

第二十五条 选举、罢免职工代表，应当召开选举单位全体职工会议，会议应有三分之二以上职工参加。选举、罢免职工代表的决定，应经全体职工的过半数通过方为有效。

第二十六条 职工代表实行常任制，职工代表任期与职工代表大会届期一致，可以连选连任。

职工代表出现缺额时，原选举单位应按规定的条件和程序及时补选。

第二十七条 职工代表向选举单位的职工负责并报告工作，接受选举单位职工的监督。

第二十八条 职工代表享有下列权利：

（一）选举权、被选举权和表决权；

（二）参加职工代表大会及其工作机构组织的民主管理活动；

（三）对企业领导人员进行评议和质询；

（四）在职工代表大会闭会期间对企业执行职工代表大会决议情况进行监督、检查。

第二十九条 职工代表应当履行下列义务：

（一）遵守法律法规、企业规章制度，提高自身素质，积极参与企业民主管理；

（二）依法履行职工代表职责，听取职工对企业生产经营管理等方面的意见和建议，以及涉及职工切身利益问题的意见和要求，并客观真实地向企业反映；

（三）参加企业职工代表大会组织的各项活动，执行职工代表大会通过的决议，完成职工代表大会交办的工作；

（四）向选举单位的职工报告参加职工代表大会活动和履行职责情况，接受职工的评议和监督；

（五）保守企业的商业秘密和与知识产权相关的保密事项。

《企业民主管理规定》第三十条 职工代表履行职责受法律保护，任何组织和个人不得阻挠和打击报复。

职工代表在法定工作时间内依法参加职工代表大会及其组织的各项活动，企业应当正常支付劳动报酬，不得降低其工资和其他福利待遇。

第三章 厂务公开制度

第三十一条 企业应当建立和实行厂务公开制度，通过职工代表大会和其他形式，将企业生产经营管理的重大事项、涉及职工切身利益的规章制度和经营管理人员廉洁从业相关情况，按照一定程序向职工公开，听取职工意见，接受职工监督。

第三十二条 企业主要负责人是实行厂务公开的责任人。企业应当建立相应机构或者确定专人负责厂务公开工作。

第三十三条 企业实行厂务公开应当遵循合法、及时、真实、有利于职工权益维护和企业发展的原则。

实行厂务公开应当保守企业商业秘密以及与知识产权相关的保密事项。

第三十四条 企业应当向职工公开下列事项：

（一）经营管理的基本情况；

（二）招用职工及签订劳动合同的情况；

（三）集体合同文本和劳动规章制度的内容；

（四）奖励处罚职工、单方解除劳动合同的情况以及裁员的方案和结果，评选劳动模范和优秀职工的条件、名额和结果；

（五）劳动安全卫生标准、安全事故发生情况及处理结果；

（六）社会保险以及企业年金的缴费情况；

（七）职工教育经费提取、使用和职工培训计划及执行的情况；

（八）劳动争议及处理结果情况；

（九）法律法规规定的其他事项。

第三十五条 国有企业、集体企业及其控股企业除公开第十三条、第十四条和第三十四条规定的相关事项外，还应当公开下列事项：

（一）投资和生产经营管理重大决策方案等重大事项，企业中长期发展规划；

（二）年度生产经营目标及完成情况，企业担保，大额资金使用、大额资产处置情况，工程建设项目的招投标，大宗物资采购供应，产品销售和盈亏情况，承包租赁合同履行情况，内部经济责任制落实情况，重要规章制度制定等重大事项；

（三）职工提薪晋级、工资奖金收入分配情况；专业技术职称的评聘情况；

（四）中层领导人员、重要岗位人员的选聘和任用情况，企业领导人员薪酬、职务消费和兼职情况，以及出国出境费用支出等廉洁自律规定执行情况，职工代表大会民主评议企业领导人员的结果；

（五）依照国家有关规定应当公开的其他事项。

第四章 职工董事和职工监事制度

第三十六条 公司制企业应当依法建立职工董事和职工监事制度，支持职工代表大会选举产生的职工代表作为董事会、监事会成员参与公司决策、管理和监督，代表和维护职工合法权益，促进企业健康发展。

第三十七条 公司应当依法在公司章程中明确规定职工董事、职工监事的具体比例和人数。

第三十八条 职工董事、职工监事候选人由公司工会根据自荐、推荐情况，在充分听取职工意见的基础上提名，经职工代表大会全体代表的过半数通过方可当选，并报上一级工会组织备案。

工会主席、副主席应当作为职工董事、职工监事候选人人选。

第三十九条 公司高级管理人员和监事不得兼任职工董事；公司高级管理人员和董事不

得兼任职工监事。

第四十条 职工董事、职工监事的任期与公司其他董事、监事的任期相同，可以连选连任。

第四十一条 职工董事、职工监事不履行职责或者有严重过错的，经三分之一以上的职工代表联名提议，职工代表大会全体代表的过半数通过可以罢免。

职工董事、职工监事出现空缺时，由公司工会依照本规定第三十七条的规定提出替补人选，提请职工代表大会民主选举产生。

第四十二条 职工董事依法行使下列权利：

（一）参加董事会会议，行使董事的发言权和表决权；

（二）就涉及职工切身利益的规章制度或者重大事项，提请召开董事会会议，反映职工的合理要求，维护职工合法权益；

（三）列席与其职责相关的公司行政办公会议和有关生产经营工作的重要会议；

（四）要求公司工会、公司有关部门和机构通报有关情况并提供相关资料；

（五）法律法规和公司章程规定的其他权利。

第四十三条 职工监事依法行使下列权利：

（一）参加监事会会议，行使监事的发言权和表决权；

（二）就涉及职工切身利益的规章制度或者重大事项，提议召开监事会会议；

（三）监督公司的财务情况和公司董事、高级管理人员执行公司职务的行为；监督检查公司对涉及职工切身利益的法律法规、公司规章制度贯彻执行情况；劳动合同和集体合同的履行情况；

（四）列席董事会会议，并对董事会决议事项提出质询或者建议；列席与其职责相关的公司行政办公会议和有关生产经营工作的重要会议；

（五）要求公司工会、公司有关部门和机构通报有关情况并提供相关资料；

（六）法律法规和公司章程规定的其他权利。

第四十四条 职工董事、职工监事应当履行下列义务：

（一）遵守法律法规，遵守公司章程及各项规章制度，保守公司秘密，认真履行职责；

（二）定期听取职工的意见和建议，在董事会、监事会上真实、准确、全面地反映职工的意见和建议；

（三）定期向职工代表大会述职和报告工作，执行职工代表大会的有关决议，在董事会、监事会会议上，对职工代表大会作出决议的事项，应当按照职工代表大会的相关决议发表意见，行使表决权；

（四）法律法规和公司章程规定的其他义务。

第四十五条 公司应当保障职工董事、职工监事依照法律法规和公司章程开展工作，为职工董事、职工监事履行职责提供必要的工作条件。

第四十六条 职工董事、职工监事在任职期间，除法定情形外，公司不得与其解除劳动合同。

第四十七条 职工董事、职工监事与公司的其他董事、监事享有同等的权利，承担相应的义务。

第五章 附 则

第四十八条 各地区、各有关部门和各企业根据本规定制定实施办法，推进企业民主管理工作。

第四十九条 集体企业依照《城镇集体所有制企业条例》等有关法律法规规定实行民主管理。

第五十条 本规定自发布之日起施行。

参考书目

[1] 中华全国总工会编：《工会职工民主管理工作概论》，中国工人出版社，2006 年 10 月版。

[2] 中华全国总工会编：《工会集体合同劳动合同工作概论》，中国工人出版社，2006 年 10 月版。

[3] 高琦华、白静编著：《新编厂务公开实务培训教程》，人民日报出版社，2008 年 4 月版。

[4] 刘元文著：《新编职工民主管理实务培训教程》，红旗出版社，2009 年 3 月版。

[5] 刘元文编著：《职工民主管理理论与实践》，中国劳动社会保障出版社，2007 年 4 月版。

[6] 王持栋、陈玲、李建新、赵淑萍编著：《怎样当好职工代表》，北京燕山出版社，2009 年 5 月版。

[7] 宋敬湧主编：《职工代表培训读本》，北京燕山出版社，2010 年 3 月版。

[8] 宋敬湧编著：《新编职工代表实用简明教程》，研究出版社，2011 年 3 月版。

[9] 韩晓洁著：《如何提高工会干部应对突发事件的能力》，中国言实出版社，2012 年 2 月版。

[10] 宋敬湧、王雪蕊编著：《如何运用网络做好工会工作》，中央文献出版社，2012 年 5 月版。